해법 기초계산 A4

1. 4주 완성의 계획적인 수학 학습!

2. 시간 내 푸는 연습을 통한 실전 감각 향상!

3. 다양한 구성의 문제로 사고력 향상!

계산력이 왜 중요한가?

선생님! 계산력이 왜 중요한가요?

수학 만점으로 가는 길은 계산력에서
시작한단다. 왜 중요한지 수학의 아버지
피타고라스 선생님에게 물어볼까?

계산력은 수학의 뿌리!
계산력 없이 수학은 생각할 수 없지.
수학은 계통성의 학문이라고 해.
역연산으로 인해 덧셈이 뺄셈의 기초가 되고,
곱셈이 확립되어야
나눗셈이 가능해지기 때문이지.
따라서 수학의 근간인 기초 계산력을
완벽하게 다져 주는 것이야말로
수학 만점으로 가는 첫걸음이지.

구성과 특징

개념 만화

만화를 통한 원리 깨치기

만화를 통한 계산 원리와 개념을
이해할 수 있습니다.

1단계

집중 연습으로 계산력 다지기

집중 연습 문제로 기초 계산력을
완벽하게 다질 수 있습니다.

2단계

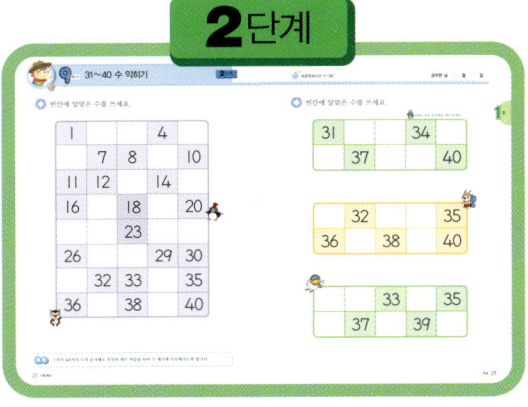

퍼즐형 문제로 정확성 기르기

흥미로운 퍼즐형 문제로 이루어져
집중력과 정확성까지 기를 수 있습니다.

3단계

다양한 문제로 사고력 키우기

다양한 문제를 통해 수학적 사고력과
문제 해결력을 높일 수 있습니다.

내용 구성표

권	주	A단계 (5~7세)	B단계 (5~7세)	C단계 (5~7세)
1권	1	일대일 대응, 많다·적다	더하기 3 : (1~7)+3	빼기 5 : (1~20)-5
	2	1~5 수 익히기	더하기 3 : (1~17)+3	빼기 6 : (1~20)-6
	3	1~5 수 익히기	더하기 3 : (1~27)+3	빼기 4, 5, 6의 종합
	4	0, 6~10 수 익히기	더하기 1, 2, 3의 종합	더하기·빼기의 종합 ①
2권	1	0, 6~10 수 익히기	빼기 1 : (1~10)-1	더하기·빼기의 종합 ②
	2	1~10 종합	빼기 1 : (1~20)-1	더하기 7 : (1~9)+7
	3	수 가르기와 수 모으기(1, 2, 3, 4, 5)	빼기 2 : (1~10)-2	더하기 7 : (1~19)+7
	4	수 가르기와 수 모으기(6, 7, 8, 9, 10)	빼기 2 : (1~20)-2	더하기 7 : (1~23)+7
3권	1	11~20 수 익히기	빼기 3 : (1~10)-3	더하기 8 : (1~9)+8
	2	11~20 수 익히기	빼기 3 : (1~20)-3	더하기 8 : (1~22)+8
	3	1~20 종합	빼기 1, 2, 3의 종합	더하기 9 : (1~9)+9
	4	21~30 수 익히기	더하기·빼기의 관계 ①	더하기 9 : (1~21)+9
4권	1	31~40 수 익히기	더하기·빼기의 관계 ②	더하기 10 : (1~20)+10
	2	41~50 수 익히기	더하기 4 : (1~6)+4	더하기 7, 8, 9, 10의 종합
	3	1~50 종합	더하기 4 : (1~16)+4	더하기 1~10의 종합
	4	51~70 수 익히기	더하기 4 : (1~26)+4	빼기 7 : (1~20)-7
5권	1	71~100 수 익히기	더하기 5 : (1~9)+5	빼기 8 : (1~20)-8
	2	1~100 종합	더하기 5 : (1~15)+5	빼기 9 : (1~20)-9
	3	더하기 1 : (1~9)+1	더하기 5 : (1~25)+5	빼기 10 : (1~20)-10
	4	더하기 1 : (1~19)+1	더하기 6 : (1~9)+6	빼기 7, 8, 9, 10의 종합
6권	1	더하기 1 : (1~29)+1	더하기 6 : (1~14)+6	빼기 1~10의 종합
	2	더하기 2 : (1~8)+2	더하기 6 : (1~24)+6	더하기·빼기의 종합 ③
	3	더하기 2 : (1~18)+2	더하기 4, 5, 6의 종합	더하기·빼기의 종합 ④
	4	더하기 2 : (1~28)+2	빼기 4 : (1~20)-4	재미있는 더하기·빼기의 규칙

권	주	D단계 (초1)	E단계 (초2)	F단계 (초3)	G단계 (초4)
1권	1	더하기 1, 2, 3	받아올림이 있는 (두 자리 수)+(한 자리 수)	(세 자리 수)+(세 자리 수) ①	100, 1000, 10000, 몇백, 몇천 곱하기
	2	합이 5까지인 덧셈	받아내림이 있는 (두 자리 수)-(한 자리 수)	(세 자리 수)+(세 자리 수) ②	(세 자리 수)×(두 자리 수)
	3	합이 9까지인 덧셈	세 수의 덧셈	(세 자리 수)-(세 자리 수) ①	(네 자리 수)×(두 자리 수)
	4	받아올림이 없는 (한 자리 수)+(한 자리 수)	세 수의 뺄셈	(세 자리 수)-(세 자리 수) ②	(세 자리 수)×(세 자리 수)
2권	1	빼기 1, 2, 3	일의 자리에서 받아올림이 있는 (두 자리 수)+(두 자리 수)	2, 3, 4, 5의 단 곱셈구구를 이용한 나눗셈	(세 자리 수)÷(한 자리 수)
	2	5까지의 뺄셈	십의 자리에서 받아올림이 있는 (두 자리 수)+(두 자리 수)	6, 7, 8, 9의 단 곱셈구구를 이용한 나눗셈	(두·세 자리 수)÷(몇십)
	3	9까지의 뺄셈	일, 십의 자리에서 받아올림이 있는 (두 자리 수)+(두 자리 수)	곱셈구구를 이용한 나눗셈 ①	(두·세 자리 수)÷(두 자리 수)
	4	(한 자리 수)-(한 자리 수)	받아올림이 있는 (두 자리 수)+(두 자리 수)	곱셈구구를 이용한 나눗셈 ②	(세·네 자리 수)÷(두 자리 수)
3권	1	10이 되는 더하기	받아내림이 있는 (두 자리 수)-(두 자리 수) ①	(두 자리 수)×(한 자리 수) ①	덧셈과 뺄셈의 혼합 계산
	2	10에서 빼기	받아내림이 있는 (두 자리 수)-(두 자리 수) ②	(두 자리 수)×(한 자리 수) ②	곱셈과 나눗셈의 혼합 계산
	3	세 수의 계산 ①	세 수의 계산 ①	(두 자리 수)×(한 자리 수) ③	혼합 계산 1
	4	세 수의 계산 ②	세 수의 계산 ②	(두 자리 수)×(한 자리 수) ④	혼합 계산 2
4권	1	받아올림이 없는 (두 자리 수)+(한 자리 수)	2, 3, 4, 5의 단 곱셈구구	(네 자리 수)+(세 자리 수)	분수의 이해 1
	2	받아올림이 없는 (두 자리 수)+(두 자리 수)	6, 7, 8, 9의 단 곱셈구구	(네 자리 수)+(네 자리 수)	분수의 이해 2
	3	받아내림이 없는 (두 자리 수)-(한 자리 수)	곱셈구구 ①	(네 자리 수)-(세 자리 수)	분수의 이해 3
	4	받아내림이 없는 (두 자리 수)-(두 자리 수)	곱셈구구 ②	(네 자리 수)-(네 자리 수)	분수의 덧셈
5권	1	두 수의 합이 10이 되는 세 수의 덧셈	받아올림이 없는 (세 자리 수)+(세 자리 수)	(세 자리 수)×(한 자리 수)	분수의 덧셈
	2	(한 자리 수)+(한 자리 수) ①	일의 자리에서 받아올림이 있는 (세 자리 수)+(세 자리 수)	(한 자리 수)×(두 자리 수)	분수의 뺄셈 1
	3	(한 자리 수)+(한 자리 수) ②	십의 자리에서 받아올림이 있는 (세 자리 수)+(세 자리 수)	(두 자리 수)×(두 자리 수) ①	분수의 뺄셈 2
	4	(한 자리 수)+(한 자리 수)의 종합	일, 십의 자리에서 받아올림이 있는 (세 자리 수)+(세 자리 수)	(두 자리 수)×(두 자리 수) ②	세 분수의 덧셈과 뺄셈
6권	1	(십 몇)-(한 자리 수) ①	받아내림이 없는 (세 자리 수)-(세 자리 수)	(두 자리 수)÷(한 자리 수) ①	소수 한 자리 수의 덧셈
	2	(십 몇)-(한 자리 수) ②	십의 자리에서 받아내림이 있는 (세 자리 수)-(세 자리 수)	(두 자리 수)÷(한 자리 수) ②	소수 두·세 자리 수의 덧셈
	3	세 수의 덧셈	백의 자리에서 받아내림이 있는 (세 자리 수)-(세 자리 수)	(두 자리 수)÷(한 자리 수) ③	소수 한 자리 수의 뺄셈
	4	세 수의 뺄셈	십, 백의 자리에서 받아내림이 있는 (세 자리 수)-(세 자리 수)	(두 자리 수)÷(한 자리 수) ④	소수 두·세 자리 수의 뺄셈

Q&A 활용 가이드

Q

아이 수준을 몰라서
어느 단계의 교재를
선택하면 될지 모르겠어요.

계산 실수를 자주 해요.

시험 시간이 부족해요.

공부 계획을
스스로 세우기 힘들어요.

A

한 페이지에서
틀린 문제가 6문제 이상이면
이전 단계의
교재부터 시작하세요.

정해진 시간 안에 푸는
연습으로 실전 감각을
키우세요.

매일매일 공부하는
습관으로
정확성을 키우세요.

스케줄표를 이용해
계획을 세워
2주, 4주 완성에 도전하세요.

4주 완성 스케줄표

활용 방법 매일 2장(2차시)씩 풀면 24일 만에 완성할 수 있습니다.

1주	1일	2일	3일	4일	5일	6일
확인	12~15쪽	16~19쪽	20~23쪽	24~27쪽	28~31쪽	32~35쪽

2주	7일	8일	9일	10일	11일	12일
확인	40~43쪽	44~47쪽	48~51쪽	52~55쪽	56~59쪽	60~63쪽

3주	13일	14일	15일	16일	17일	18일
확인	68~71쪽	72~75쪽	76~79쪽	80~83쪽	84~87쪽	88~91쪽

4주	19일	20일	21일	22일	23일	24일
확인	96~99쪽	100~103쪽	104~107쪽	108~111쪽	112~115쪽	116~119쪽

※ 매일 4장(4차시)씩 풀면 12일 만에 완성할 수 있습니다.

1주 31~40 수 익히기

만화로 개념 알아보기

학습목표 31~40의 수를 묶음과 낱개로 알아보며, 점점 커지는 수의 개념을 익힐 수 있습니다.

1차시 31~40 수 익히기   1단계

➕ 개수를 세어 보고, 수를 따라 쓰세요.

10개씩 묶음	낱개
3	1

→ **31** 31
삼십일 · 서른하나

10개씩 묶음	낱개
3	2

→ **32** 32
삼십이 · 서른둘

10개씩 묶음	낱개
3	3

→ **33** 33
삼십삼 · 서른셋

10개씩 묶음	낱개
3	4

→ **34** 34
삼십사 · 서른넷

10개씩 묶음	낱개
3	5

→ **35** 35
삼십오 · 서른다섯

꼭꼭 블록이 10개씩 묶음으로 3줄이면 30이므로, 10개씩 묶음 수 3개와 낱개의 수를 세어 '삼십 몇'으로 읽게 합니다.

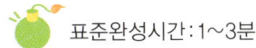

 1주

➕ 개수를 세어 보고, 수를 따라 쓰세요.

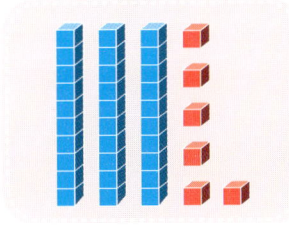   

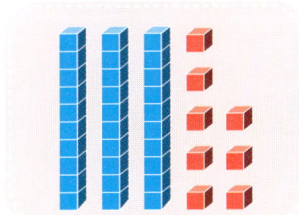   

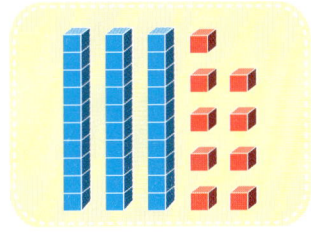   

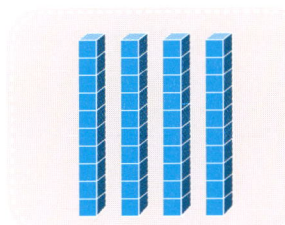   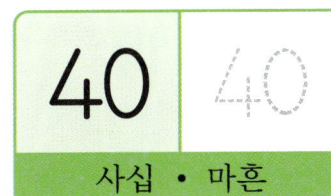

차시 31~40 수 익히기 1단계

✿ 개수를 세어 보고, 알맞은 수에 ◯표 하세요.

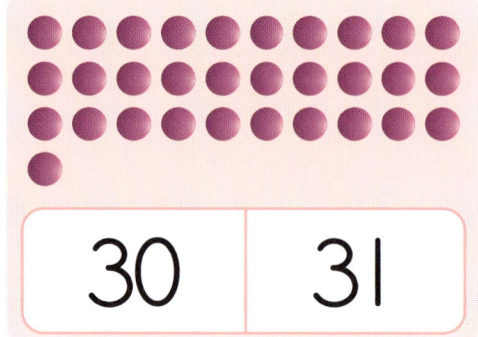

| 30 | 31 |

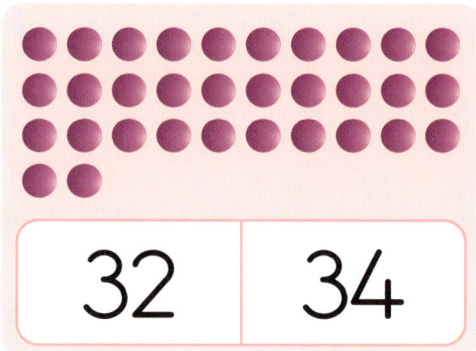

| 32 | 34 |

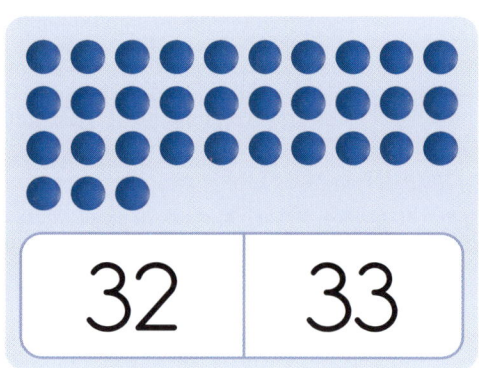

| 32 | 33 |

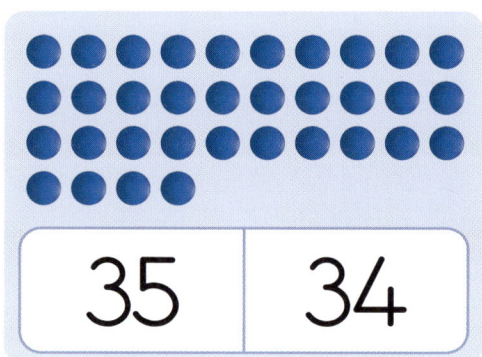

| 35 | 34 |

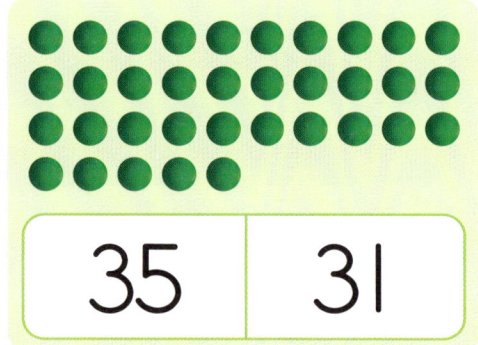

| 35 | 31 |

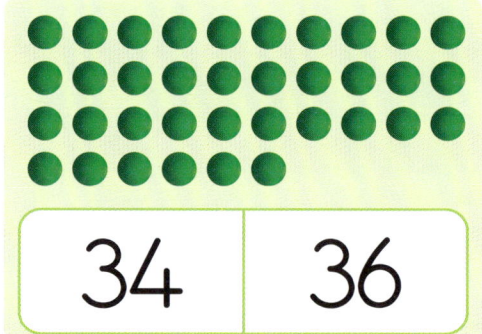

| 34 | 36 |

 구체물을 10개씩 묶어서 묶음 수를 만들어 세어 본 후, '삼십 몇'의 수를 알아봅니다.

개수를 세어 보고, 알맞은 수에 색칠하세요.

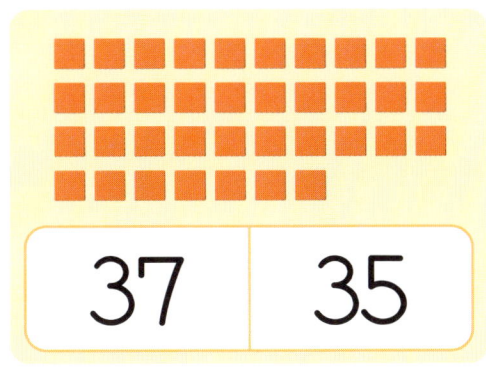

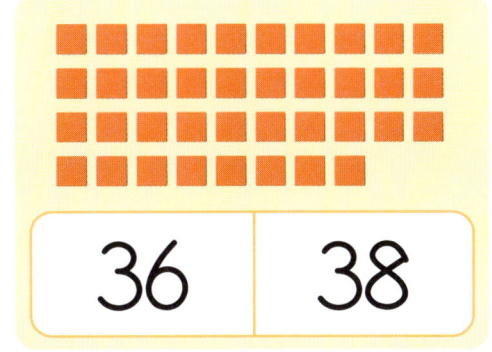

10개씩 묶어서 세어 보세요.

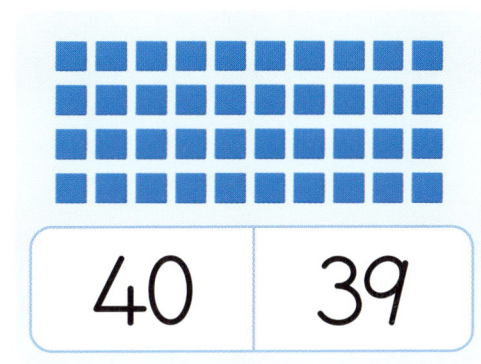

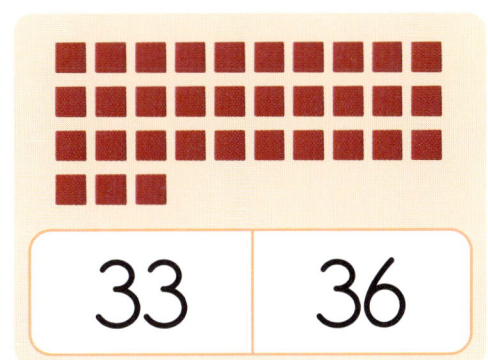

3 차시 31~40 수 익히기

왼쪽의 수만큼 그림을 묶으세요.

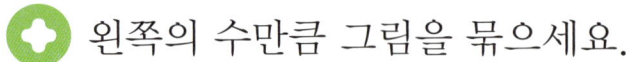

33은 10개씩 3묶음과 낱개 3개예요.

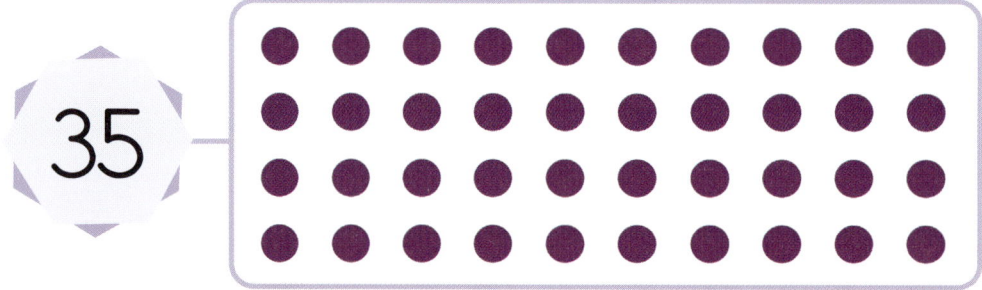

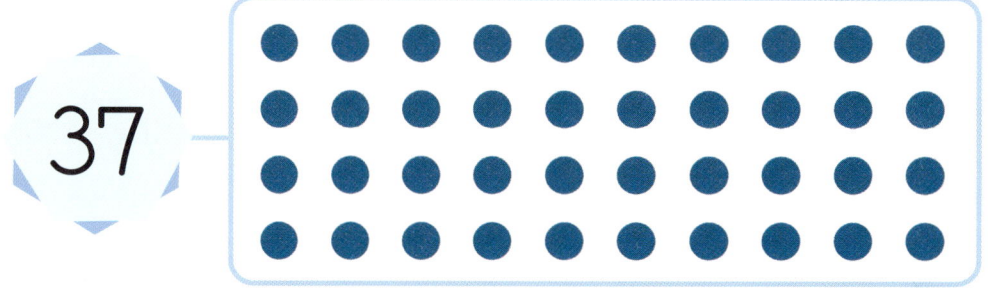

➕ 개수를 세어 보고, 알맞은 수에 색칠하세요.

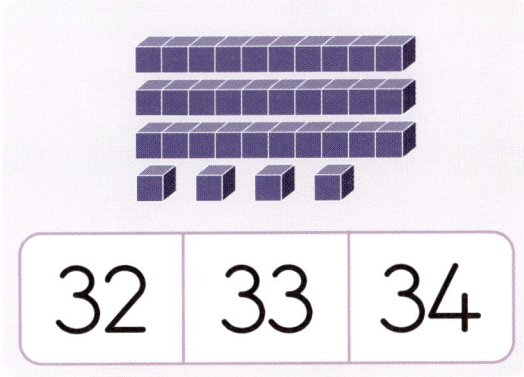

32	33	34

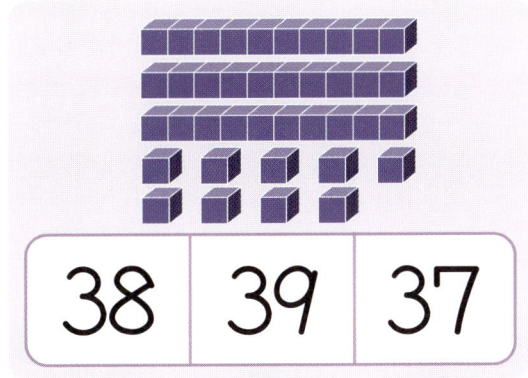

38	39	37

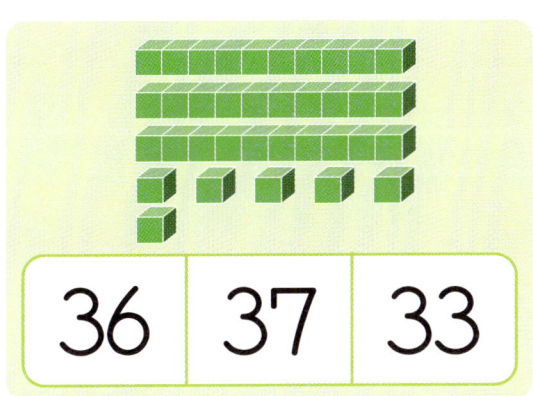

36	37	33

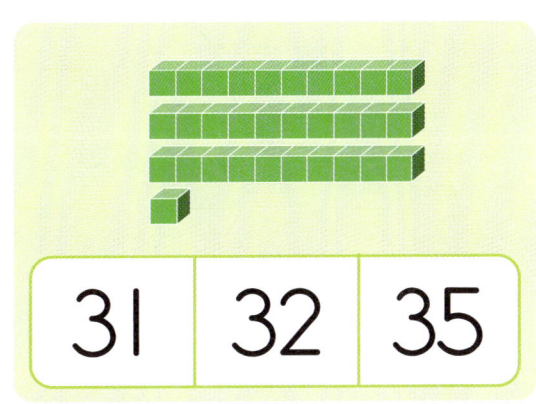

31	32	35

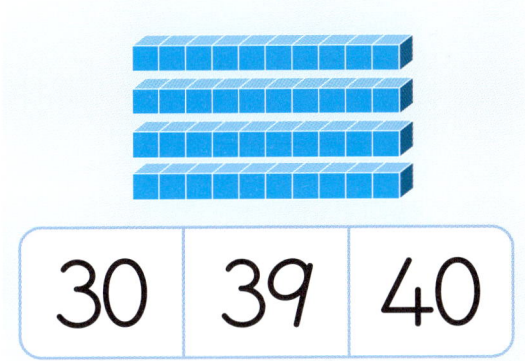

30	39	40

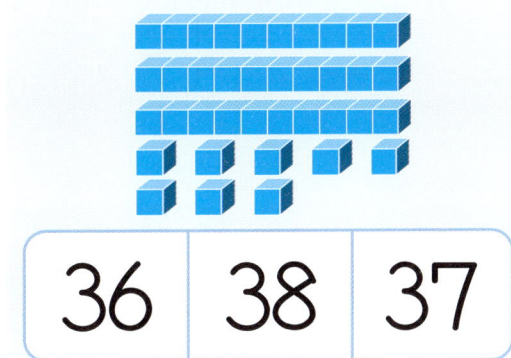

36	38	37

4 차시 31~40 수 익히기 1단계

✿ 왼쪽의 수만큼 있는 것에 ◯표 하세요.

33

35

31

36

37

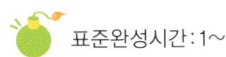
 같은 수끼리 선으로 이으세요.

 • 　　　　　• **39**

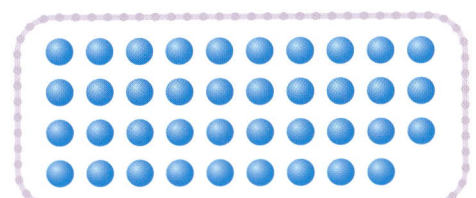 • 　　　　　• **32**

 • 　　　　　• **34**

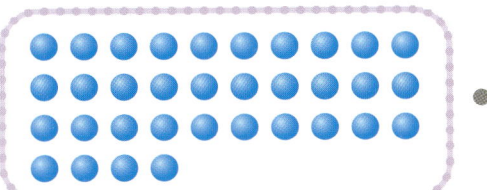 • 　　　　　• **40**

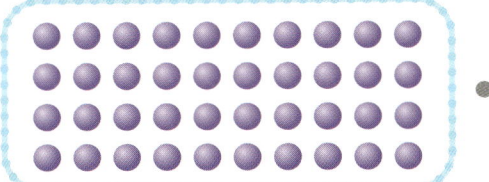 • 　　　　　• **38**

 꼭꼭 10개씩 묶으면 3묶음이므로 묶음 수와 낱개의 수로 세어 '삼십 몇'의 수를 알아봅니다.

➕ 개수를 세어 보고, ☐ 안에 알맞은 수를 쓰세요.

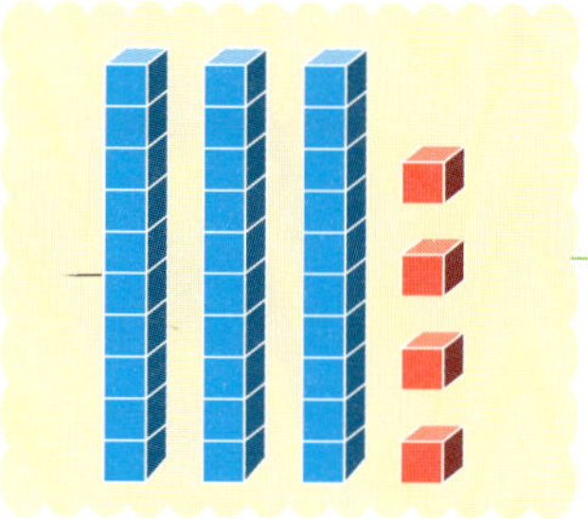

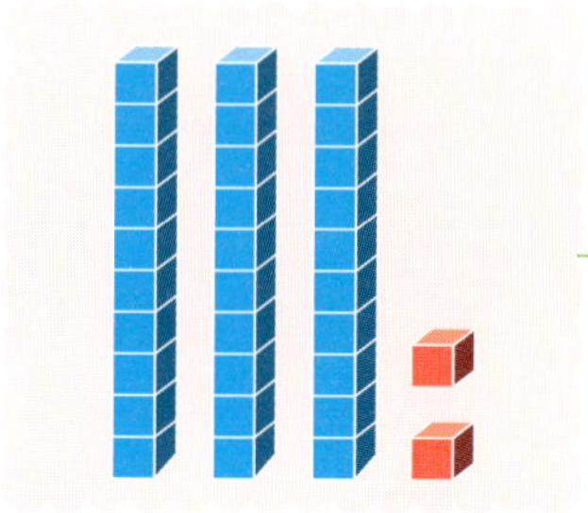

한 줄에 10개씩이니까 10개씩 묶음이 몇 개인지 먼저 알아보세요.

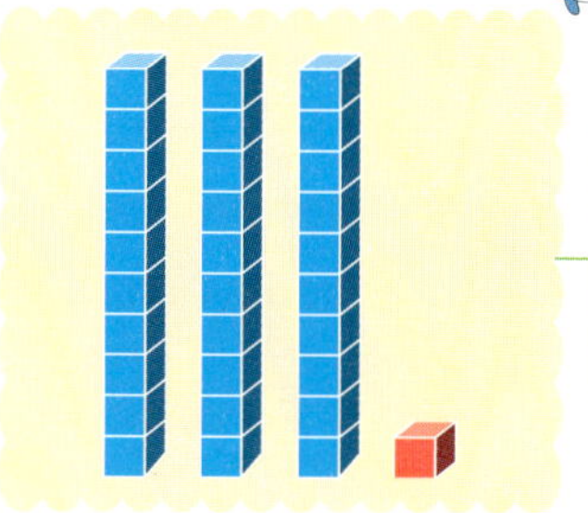

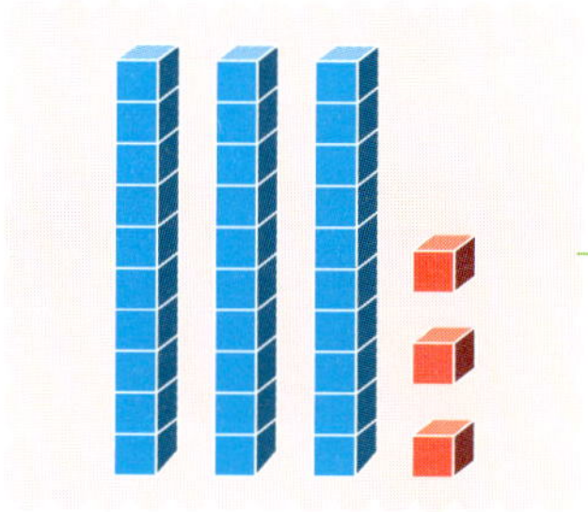

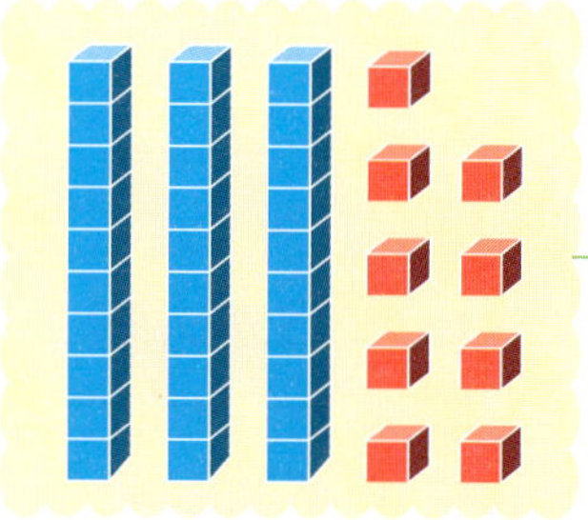

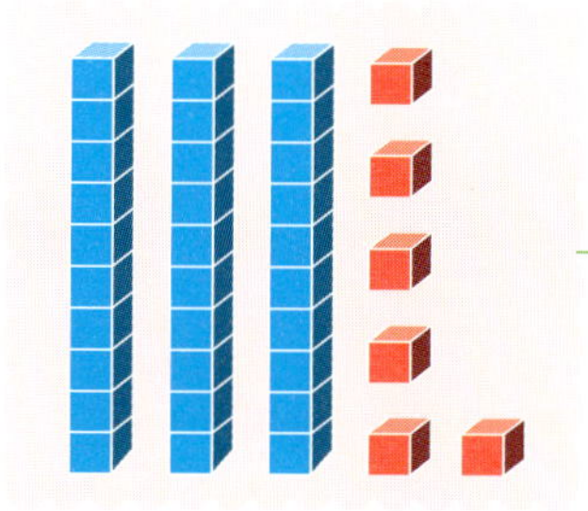

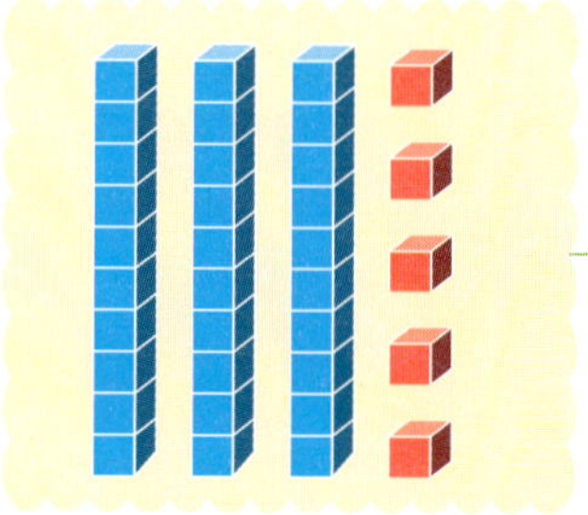

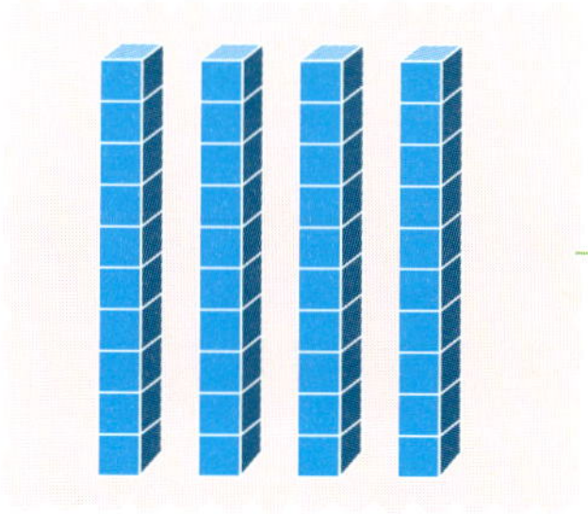

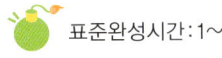

🍀 개수를 세어 보고, ☐ 안에 알맞은 수를 쓰세요.

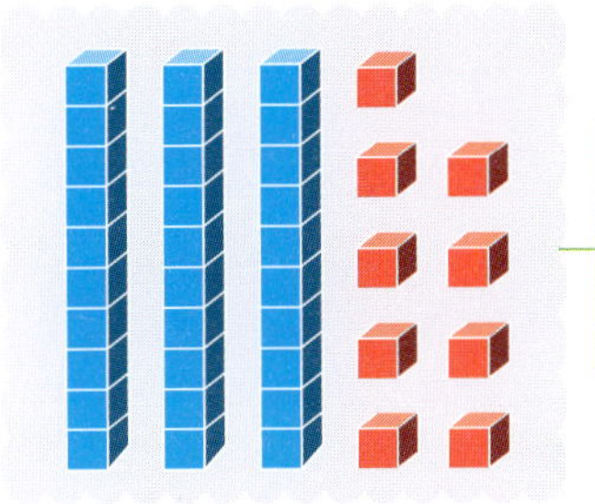

6 차시 31~40 수 익히기

1 단계

개수를 세어 보고, □ 안에 알맞은 수를 쓰세요.

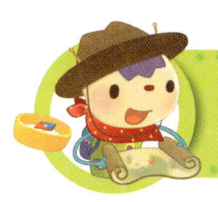

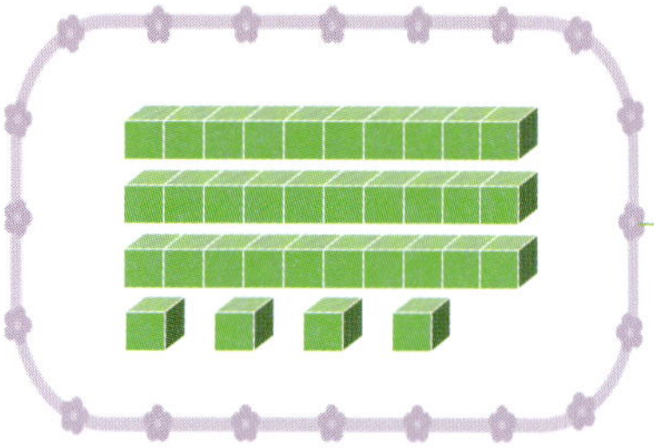

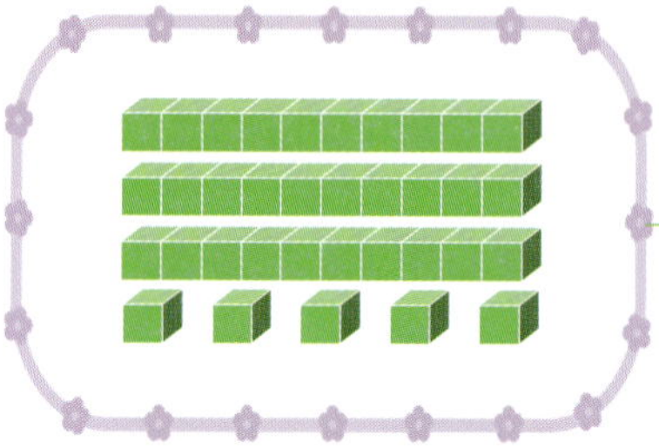

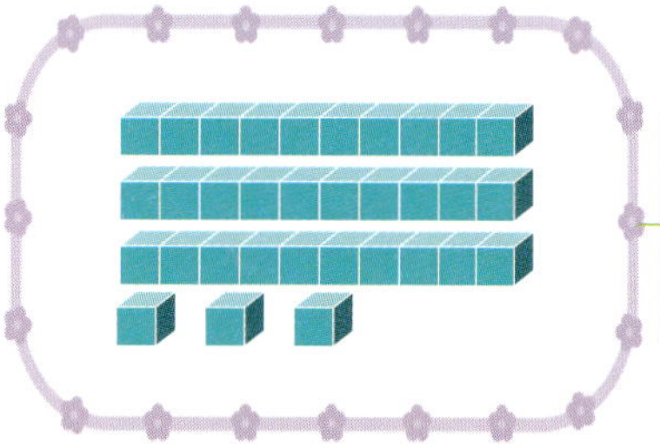

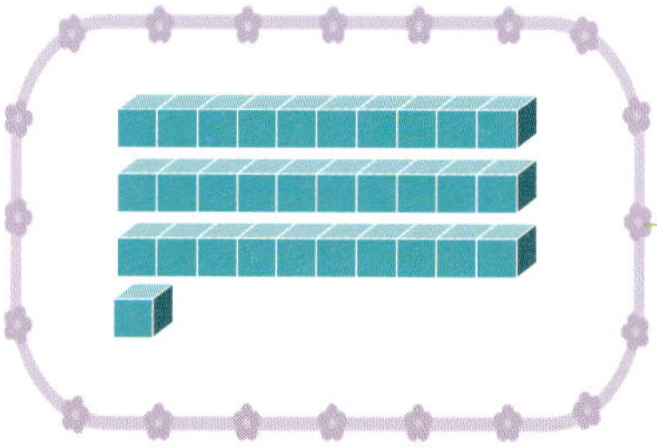

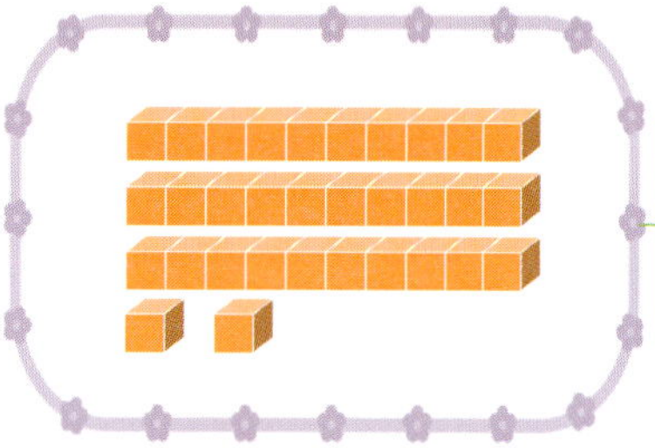

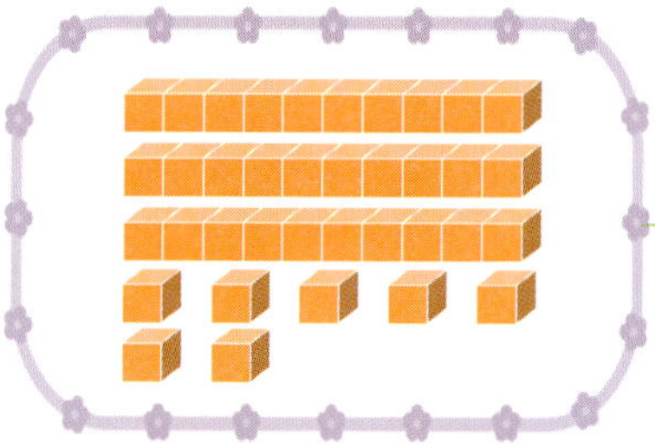

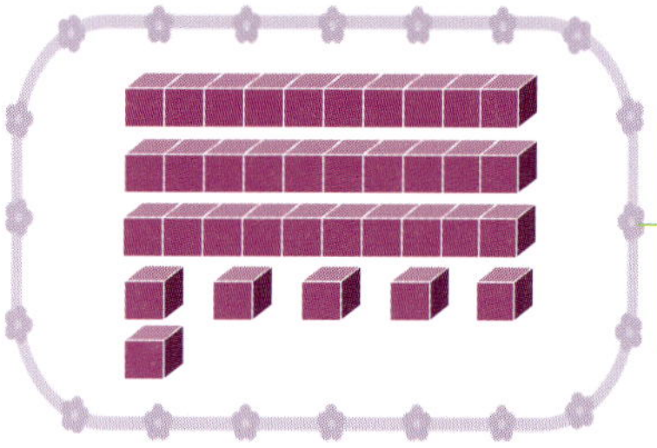

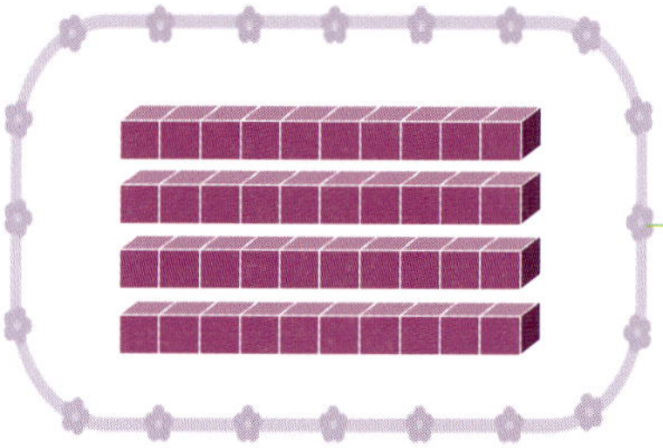

꼭 꼭 10개씩 묶음 수가 1줄씩 늘어날 때마다 10씩 커지는 수이므로 묶음 수를 이해하며 수를 세어 보게 합니다.

개수를 세어 보고, □ 안에 알맞은 수를 쓰세요.

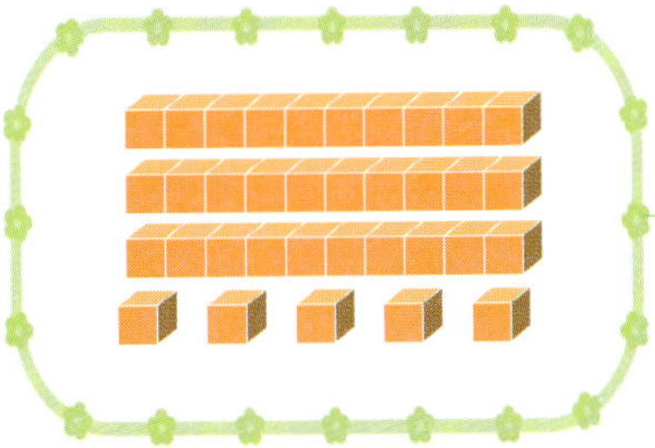

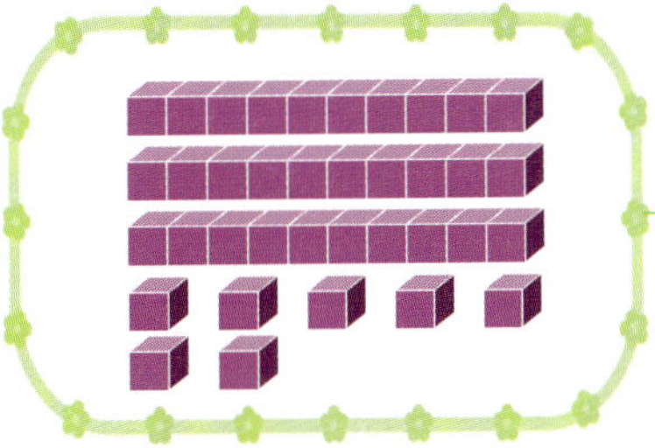

1주

10개씩 묶음이
4줄이면 '몇십'일까?

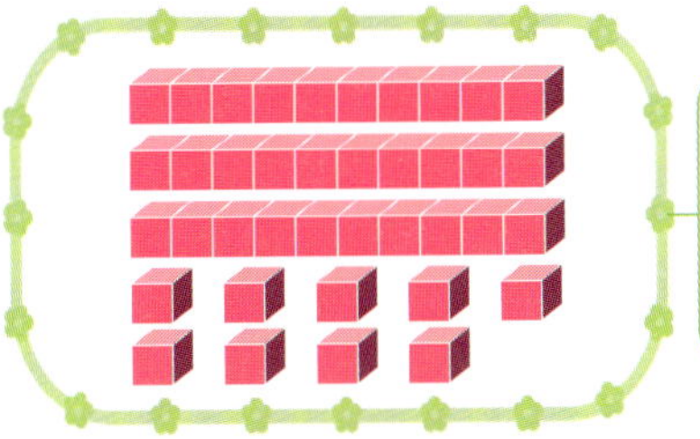

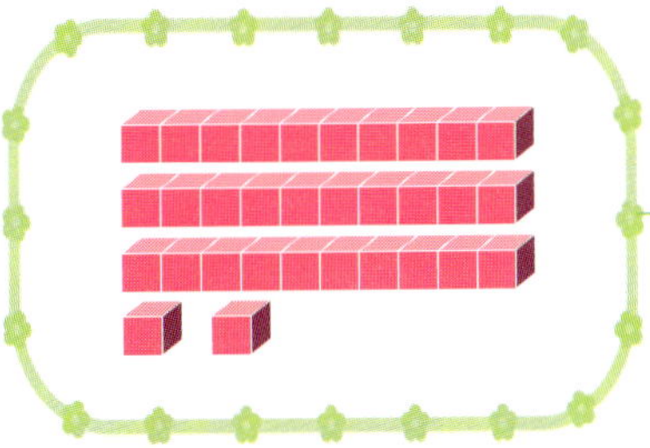

7차시 31~40 수 익히기 **1**단계

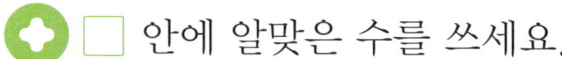 ✿ ☐ 안에 알맞은 수를 쓰세요.

10개씩 묶음	낱개	
3	1	→ 31

10개씩 묶음	낱개	
3	4	→

10개씩 묶음	낱개	
3	5	→

10개씩 묶음	낱개	
3	2	→

10개씩 묶음	낱개	
3	6	→

10개씩 묶음	낱개	
3	3	→

10개씩 묶음	낱개	
3	8	→

10개씩 묶음	낱개	
3	9	→

10개씩 묶음	낱개	
3	7	→

10개씩 묶음	낱개	
4	0	→

 꼭꼭 | 10개씩 묶음이 3개이면 30이므로 10개씩 3묶음과 낱개는 '삼십 몇'으로 읽습니다.

빈칸에 알맞은 수를 쓰세요.

34 → 10개씩 묶음 3 ／ 낱개 4

32 → 10개씩 묶음 ／ 낱개

35 → 10개씩 묶음 ／ 낱개

36 → 10개씩 묶음 ／ 낱개

37 → 10개씩 묶음 ／ 낱개

31 → 10개씩 묶음 ／ 낱개

33 → 10개씩 묶음 ／ 낱개

39 → 10개씩 묶음 ／ 낱개

40은 낱개가 하나도 없구나.

38 → 10개씩 묶음 ／ 낱개

40 → 10개씩 묶음 ／ 낱개

✿ 개수를 세어 보고, ☐ 안에 알맞은 수를 쓰세요.

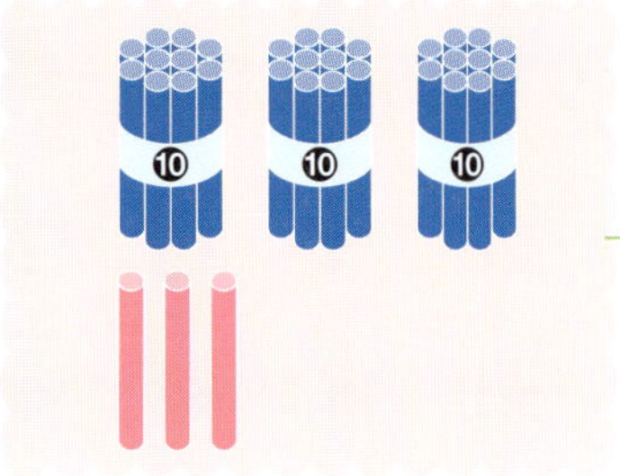

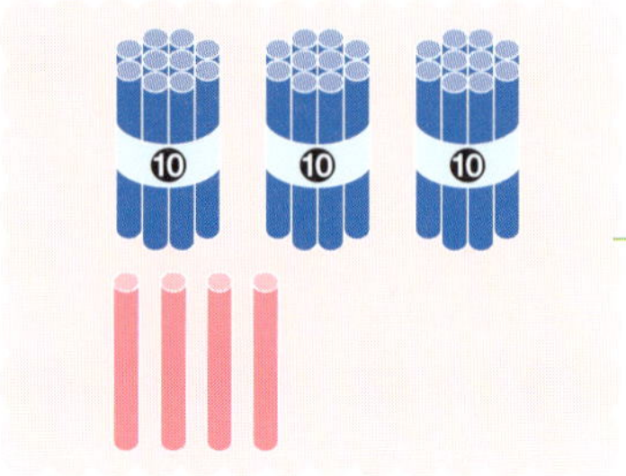

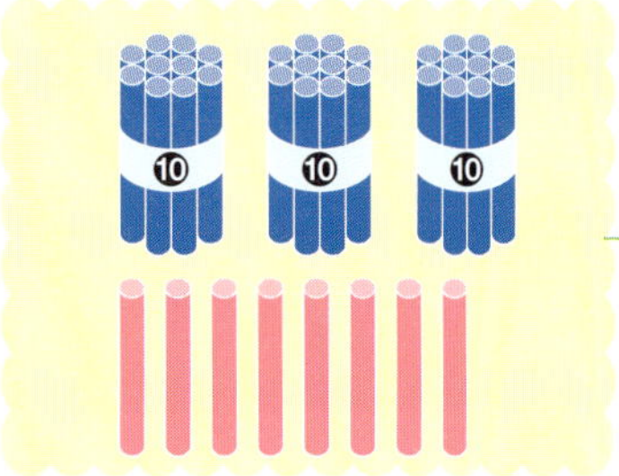

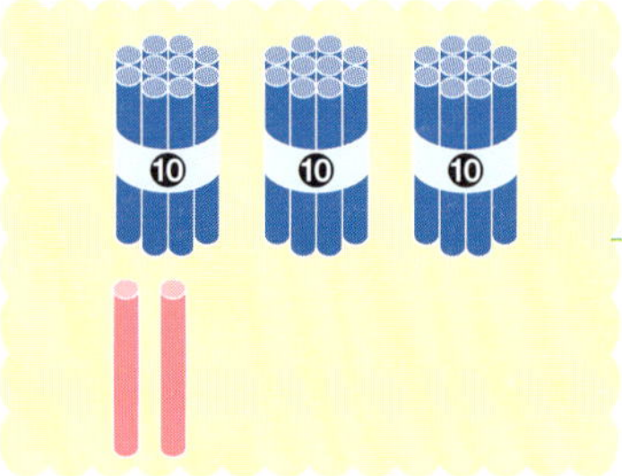

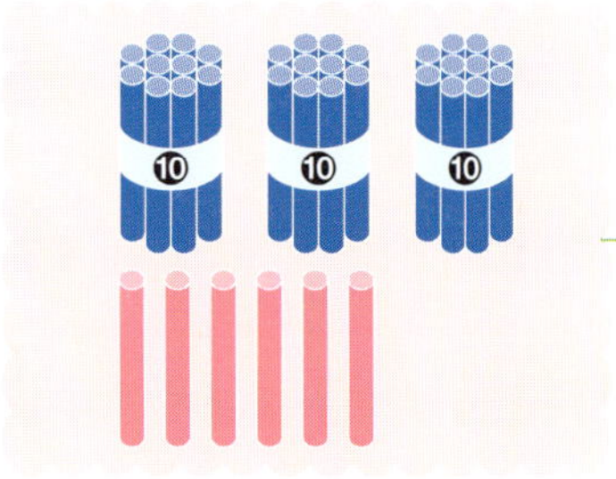

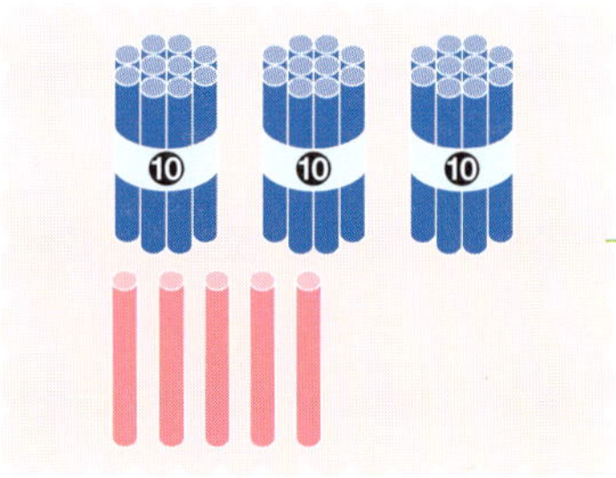

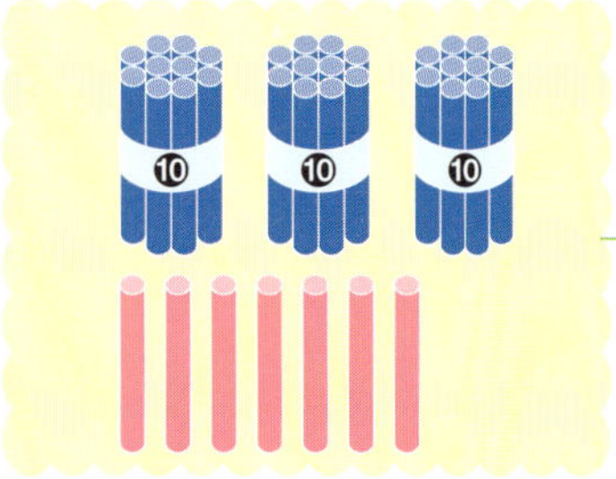

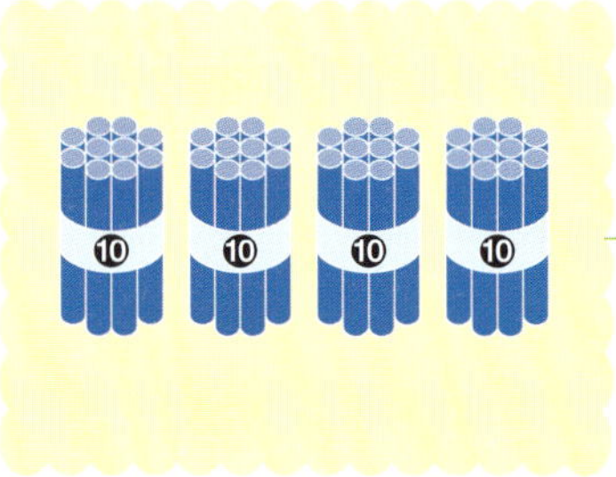

개수를 세어 보고, ☐ 안에 알맞은 수를 쓰세요.

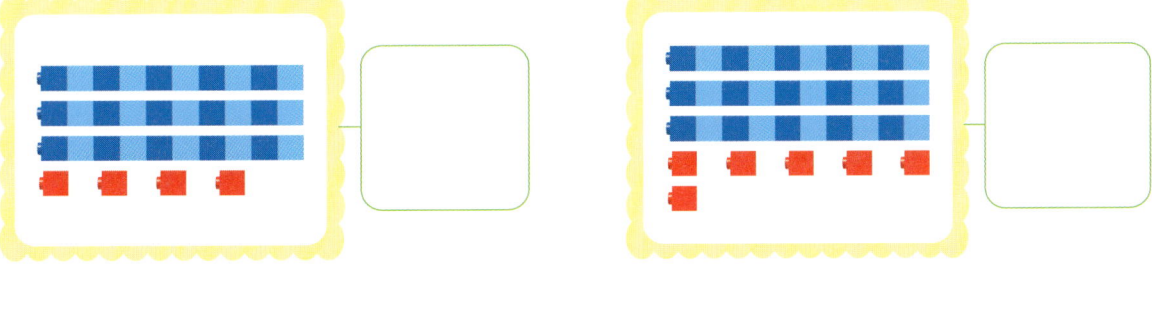

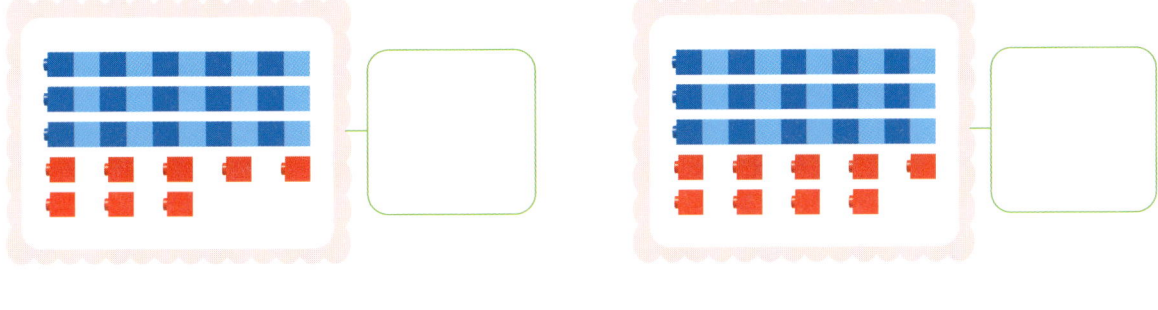

빈칸에 알맞은 수를 쓰세요.

1			4	
	7	8		10
11	12		14	
16		18		20
		23		
26			29	30
	32	33		35
36		38		40

꼭꼭 1부터 40까지 수의 순서대로 천천히 세는 연습을 하여 수 세기에 익숙해지도록 합니다.

✚ 빈칸에 알맞은 수를 쓰세요.

31부터 수의 순서대로 세어 보세요.

1주

31			34	
	37			40

	32			35
36		38		40

		33		35
	37		39	

10 차시 31~40 수 익히기   **2**단계

 빈칸에 알맞은 수를 쓰세요.

31		33		35

32	33			

	34			37

		37	38	

36				40

 31 32 33 34 35 36 37 38 39 40

➕ 빈칸에 알맞은 수를 쓰세요.

1주

| 31 | | 33 |

| 36 | | 38 |

| 34 | 35 | |

| 37 | | 39 |

| 32 | | 34 |

| 33 | 34 | |

| | 37 | |

| | | 36 |

| 35 | | |

| 38 | 39 | |

31 32 33 34 35 36 37 38 39 40

➕ 개수를 세어 보고, 더 큰 수에 색칠하세요.

32 33

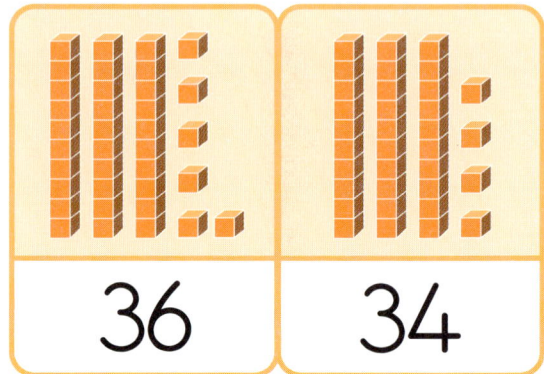

36 34

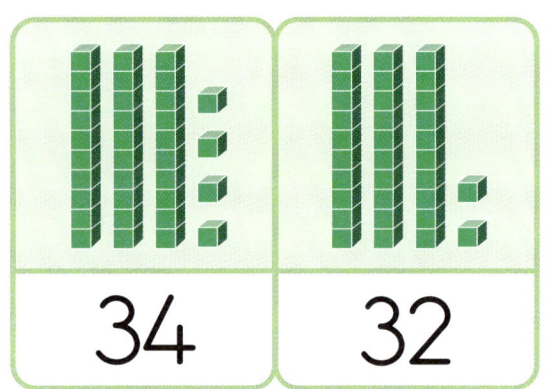

34 32

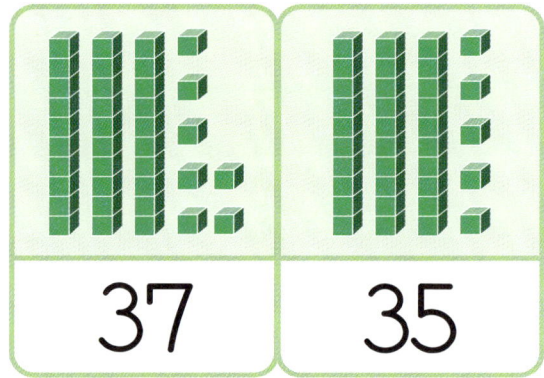

37 35

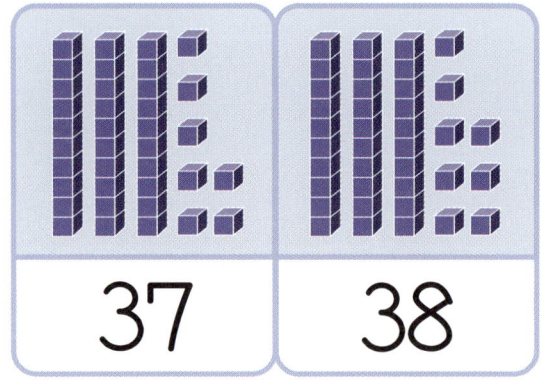

37 38

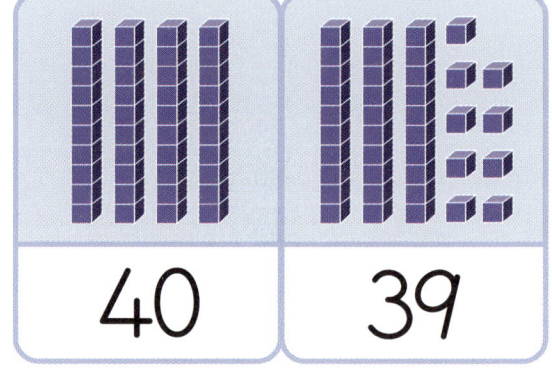

40 39

 블록 l줄은 l0개이므로 l0개씩 묶음의 수를 먼저 세어 보고 낱개의 수를 세어 봅니다. 블록의 수가 더 많은 것이 더 큰 수임을 이해합니다.

✚ 왼쪽의 수보다 더 작은 수에 △표 하세요.

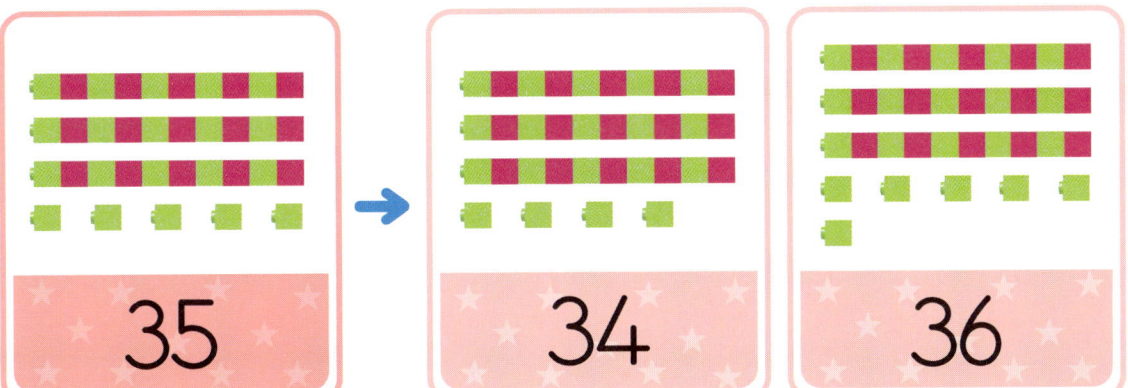

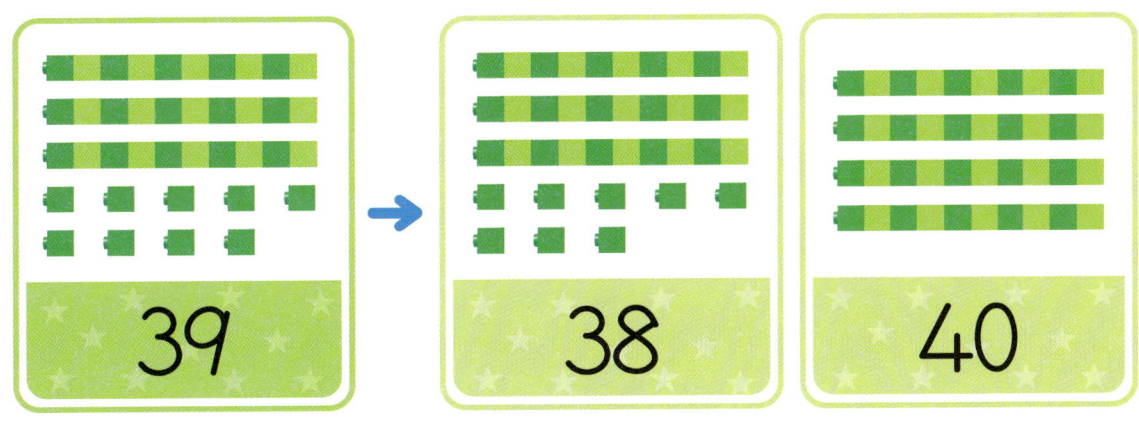

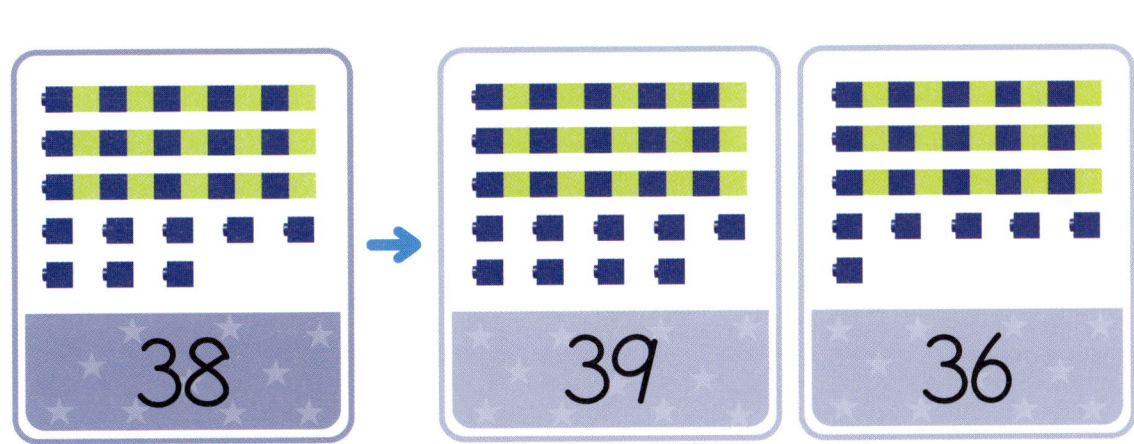

31~40 수 익히기

3단계

🟣 두 수 중 더 큰 수에 색칠하세요.

🐸 10개씩 묶음의 수가 3으로 같으니까
낱개의 수를 비교해 보세요.

| 32 | 33 |
| 34 | 32 |

| 34 | 35 |
| 37 | 35 |

| 32 | 31 |
| 36 | 34 |

| 37 | 39 |
| 35 | 38 |

🐸 10개씩 묶음의 수를 비교해 보세요.

| 33 | 35 |
| 40 | 39 |

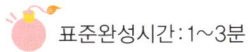
✿ 세 수 중 가장 큰 수에 ◯표 하세요.

10개씩 묶음의 수를 먼저 비교하고
낱개의 수를 비교해 보세요.

1주

33	32	34

32	34	36

37	31	35

35	33	31

35	36	33

37	39	34

35	34	37

38	36	37

31	33	32

38	39	40

2주 41~50 수 익히기

학습 체크표 매일 학습이 끝나면 채점을 하고 체크표를 작성하여 나의 실력을 알아보세요.

차시	단계	공부한 날	잘 했나요?
13차시		월 일	😊 🙂 😑 😣
14차시		월 일	😊 🙂 😑 😣
15차시		월 일	😊 🙂 😑 😣
16차시		월 일	😊 🙂 😑 😣
17차시	1단계	월 일	😊 🙂 😑 😣
18차시		월 일	😊 🙂 😑 😣
19차시		월 일	😊 🙂 😑 😣
20차시		월 일	😊 🙂 😑 😣
21차시	2단계	월 일	😊 🙂 😑 😣
22차시		월 일	😊 🙂 😑 😣
23차시	3단계	월 일	😊 🙂 😑 😣
24차시		월 일	😊 🙂 😑 😣

틀린 개수가

0~1 개이면 😊(아주 잘함)에, 2~3 개이면 🙂(잘함)에,

4~5 개이면 😑(보통)에, 6개 이상이면 😣(노력 바람)에 색칠해 주세요.

만화로 개념 알아보기

학습목표 다양한 문제를 통해 41부터 50까지의 수·양 개념과 계열성을 익혀 대소 비교를 할 수 있습니다.

2주

13 차시 41~50 수 익히기 1단계

⊕ 개수를 세어 보고, 수를 따라 쓰세요.

10개씩 묶음	낱개		
4	1	→	**41** 41
			사십일 · 마흔하나

10개씩 묶음	낱개		
4	2	→	**42** 42
			사십이 · 마흔둘

10개씩 묶음	낱개		
4	3	→	**43** 43
			사십삼 · 마흔셋

10개씩 묶음	낱개		
4	4	→	**44** 44
			사십사 · 마흔넷

10개씩 묶음	낱개		
4	5	→	**45** 45
			사십오 · 마흔다섯

 블록을 묶음으로 세면서 '사십 몇'을 알아봅니다. 10개씩 묶음이 4줄이면 40이므로 10개씩 묶음 수 4와 낱개의 수를 세어 봅니다.

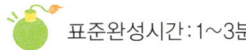
🍀 개수를 세어 보고, 수를 따라 쓰세요.

10개씩 묶음	낱개
4	6

→ 46　46
사십육 · 마흔여섯

2주

10개씩 묶음	낱개
4	7

→ 47　47
사십칠 · 마흔일곱

10개씩 묶음	낱개
4	8

→ 48　48
사십팔 · 마흔여덟

10개씩 묶음	낱개
4	9

→ 49　49
사십구 · 마흔아홉

10개씩 묶음	낱개
5	0

→ 50　50
오십 · 쉰

✿ 개수를 세어 보고, 알맞은 수에 ◯표 하세요.

42	41

42	44

41	43

45	44

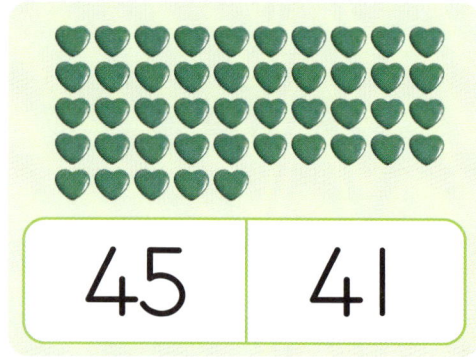

45	41

44	46

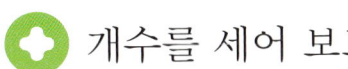

개수를 세어 보고, 알맞은 수에 색칠하세요.

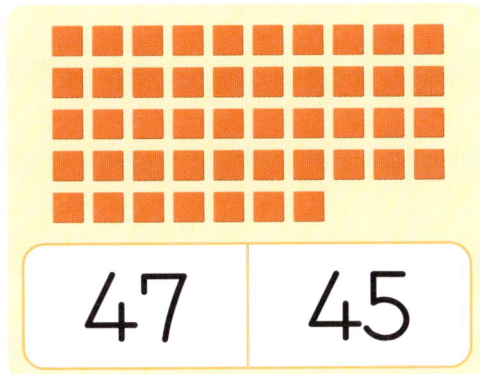

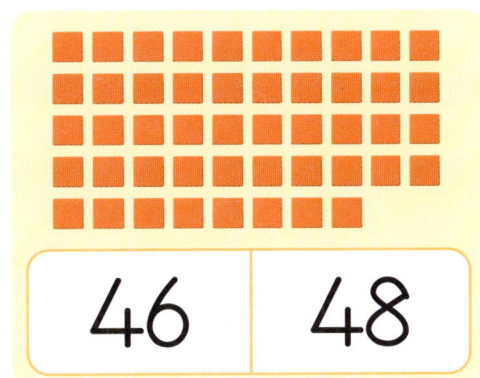

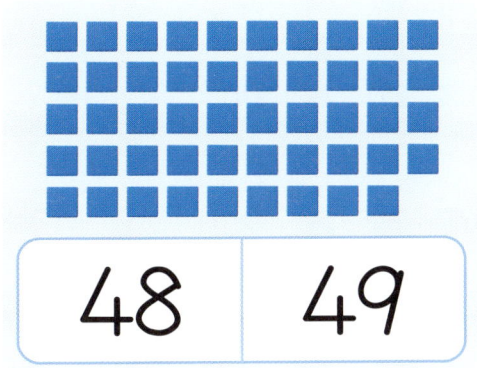

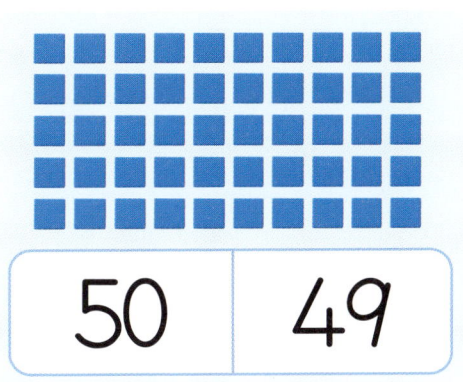

10개씩 묶어서 세면 모두 4묶음이에요.

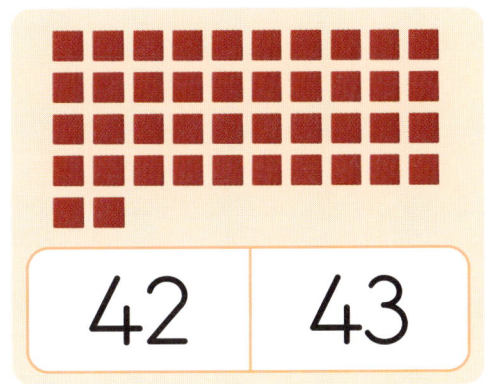

15 차시 41~50 수 익히기

1 단계

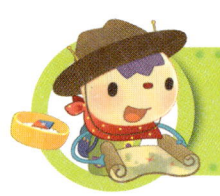

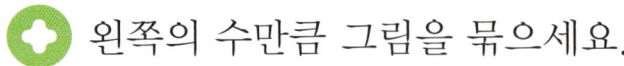

왼쪽의 수만큼 그림을 묶으세요.

45

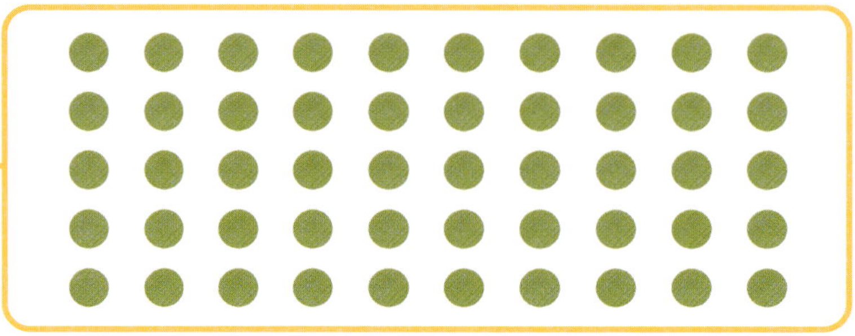

44

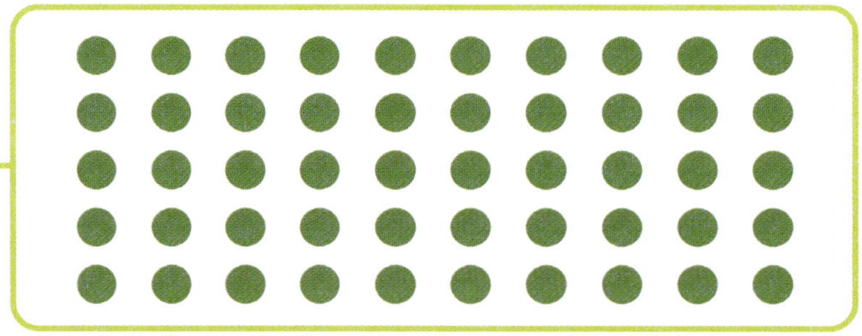

46

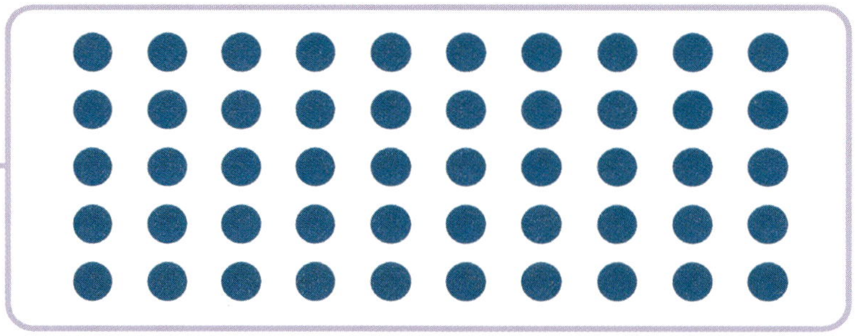

48

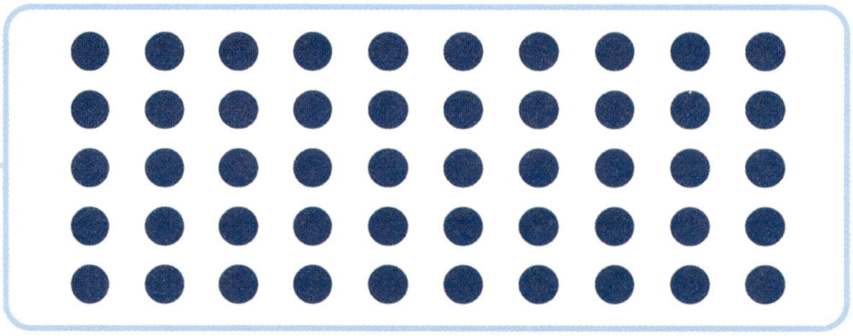

꼭꼭 구체물을 10개씩 묶어서 묶음 수를 만들어 세어 본 후, '사십 몇'을 알아봅니다.

개수를 세어 보고, 알맞은 수에 색칠하세요.

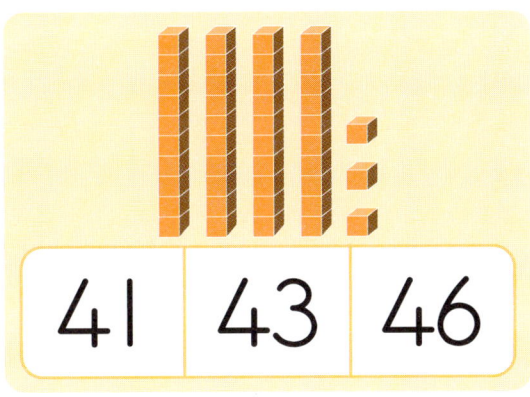

| 41 | 43 | 46 |

| 42 | 45 | 41 |

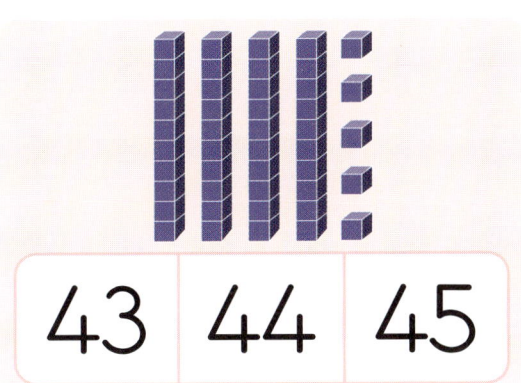

| 43 | 44 | 45 |

| 48 | 49 | 50 |

| 47 | 45 | 46 |

| 49 | 48 | 50 |

16 차시 41~50 수 익히기

1 단계

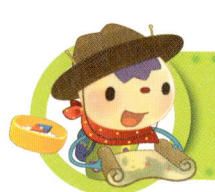

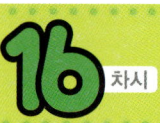

왼쪽의 수만큼 있는 것에 ○표 하세요.

48

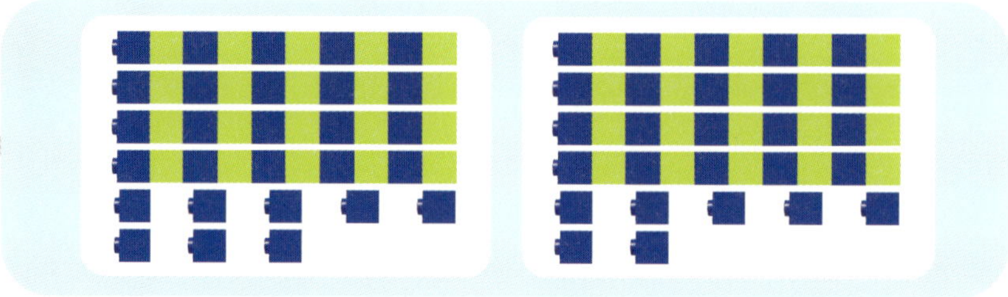

46

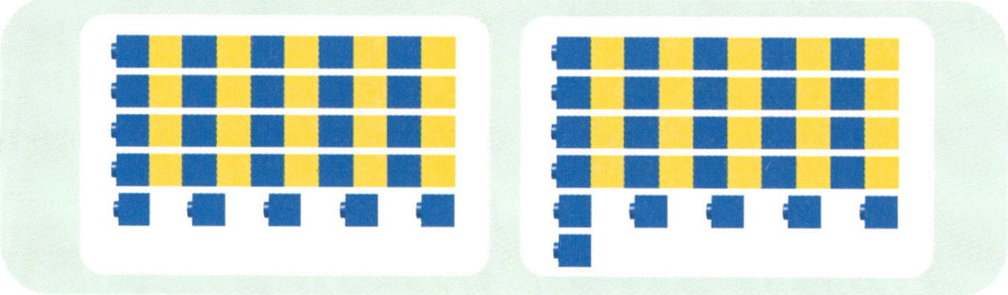

47

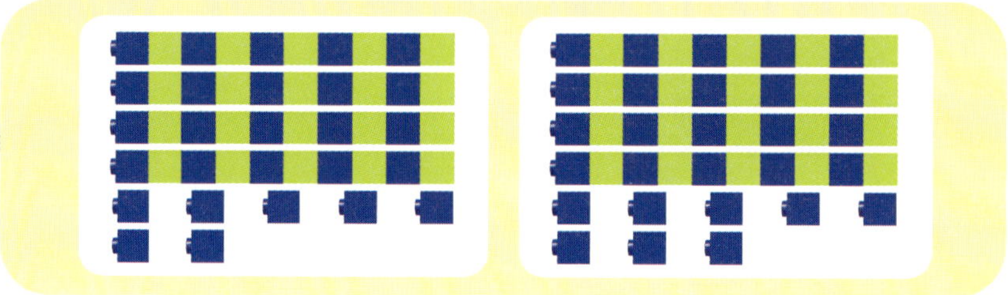

45

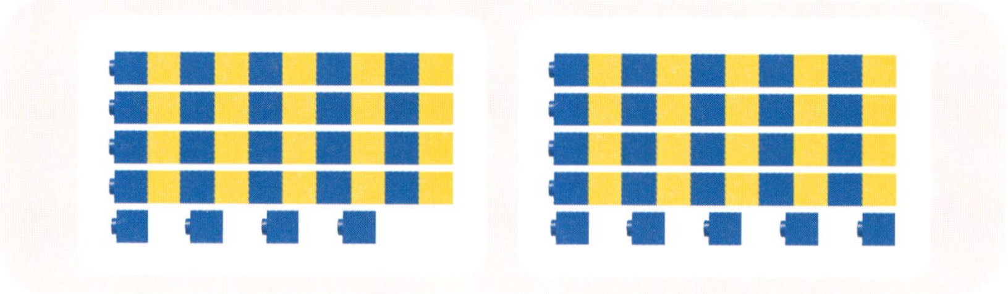

49

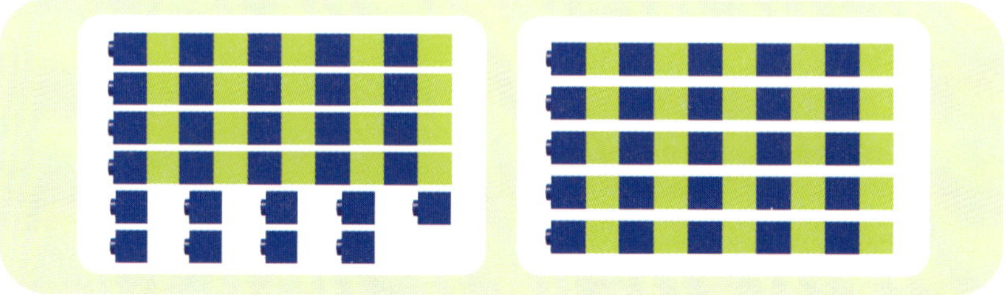

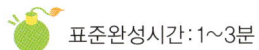

같은 수를 찾아 주어진 색으로 칠하세요.

41 ➡ 43 ➡ 45 ➡

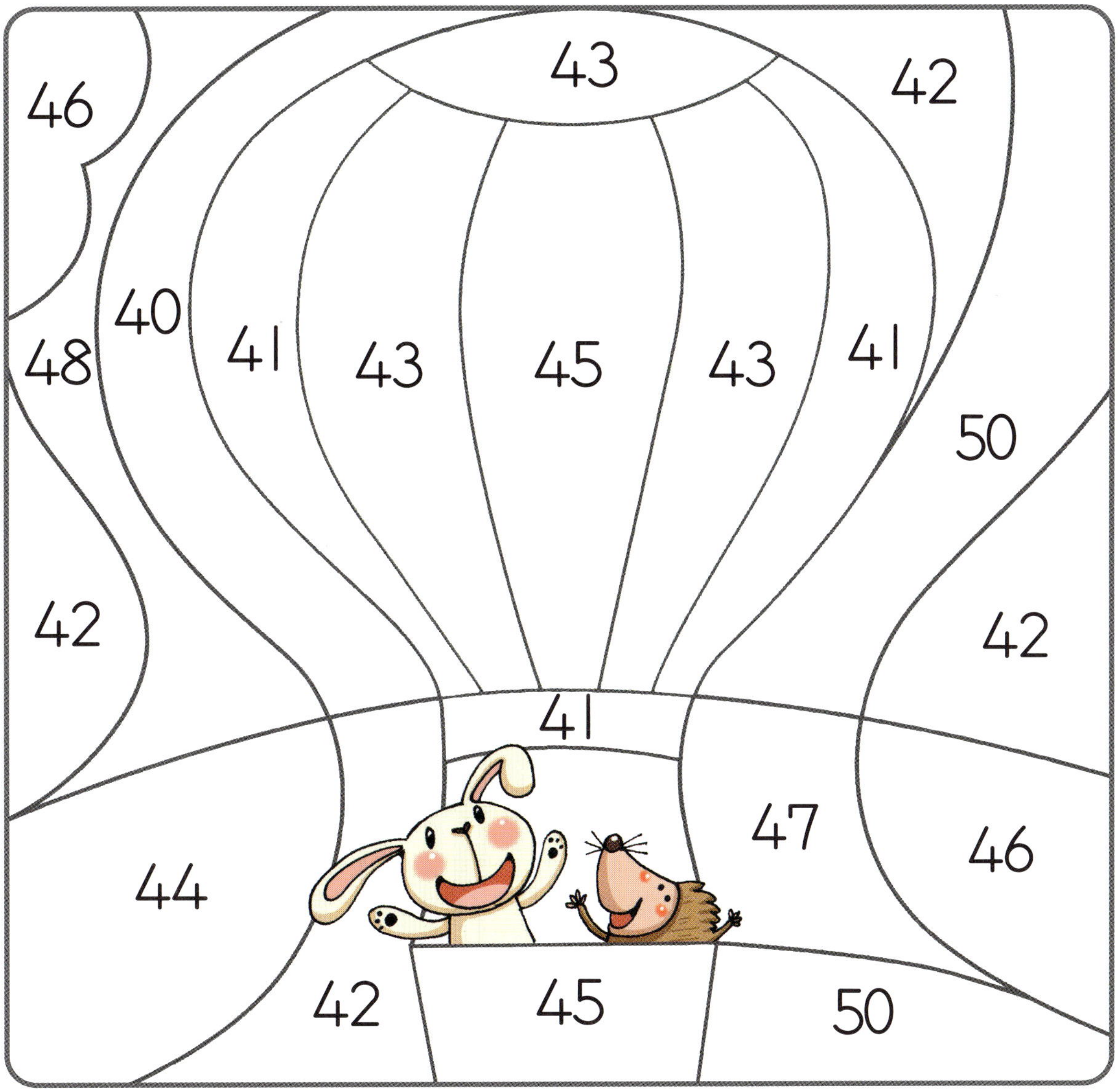

2주

46

43

42

40

48

41 43 45 43 41

50

42

42

41

44

47

46

42 45 50

17 차시 41~50 수 익히기

1 단계

개수를 세어 보고, □ 안에 알맞은 수를 쓰세요.

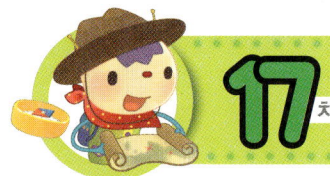

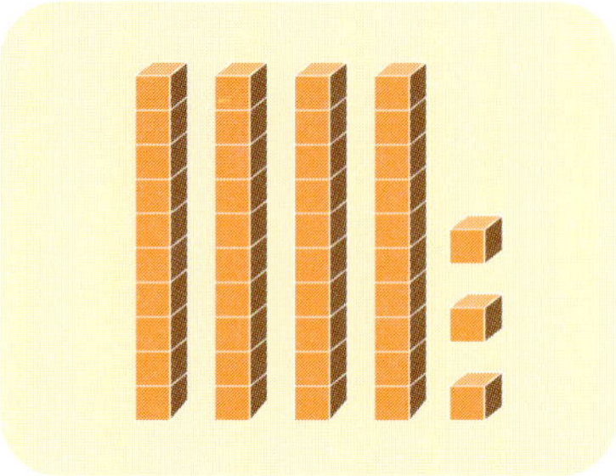

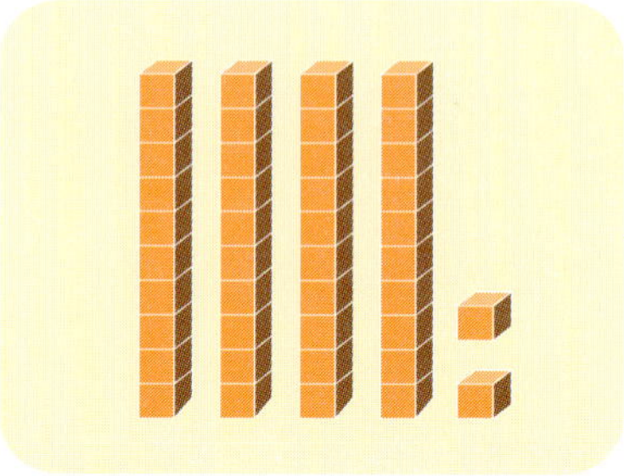

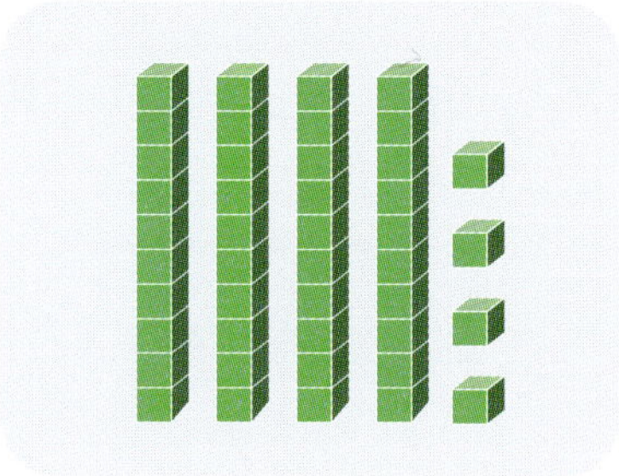

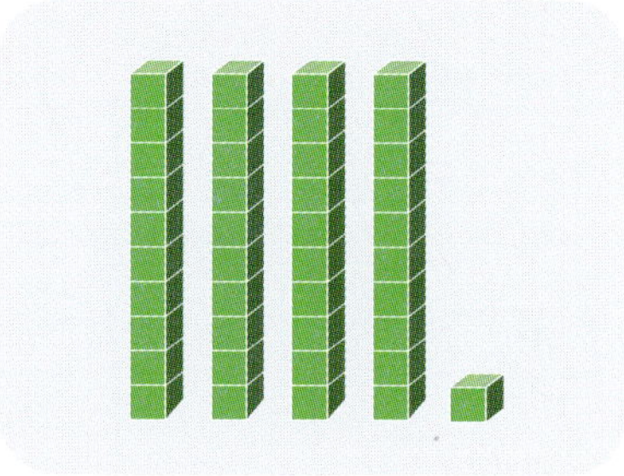

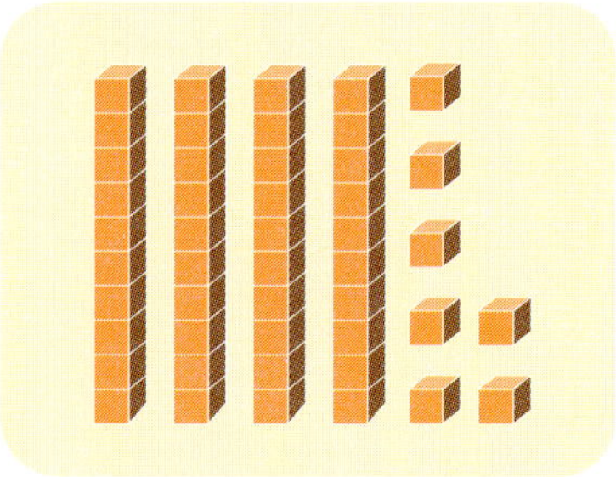

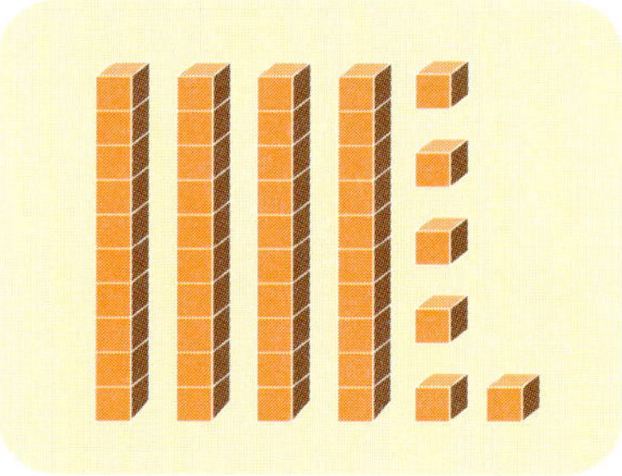

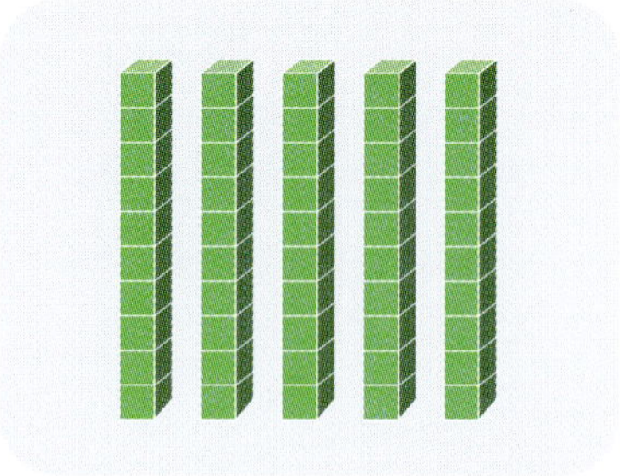

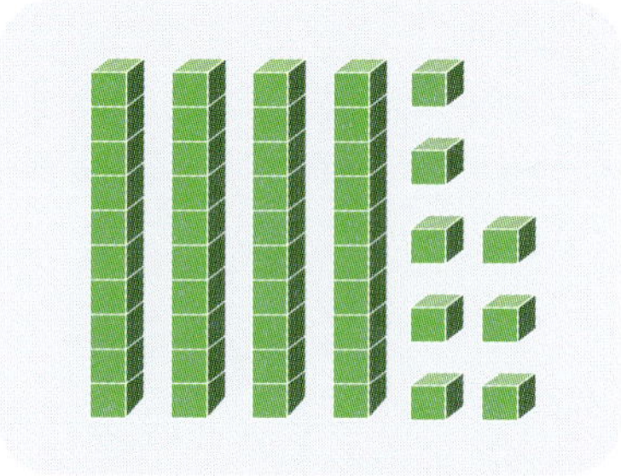

꼭꼭 10개씩 묶어서 세는 연습을 반복해 보고, 41부터 50까지의 수를 알아봅니다.

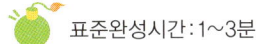 표준완성시간 : 1~3분

➕ 개수를 세어 보고, ☐ 안에 알맞은 수를 쓰세요.

10개씩 묶어서
몇 묶음인지
먼저 알아보세요.

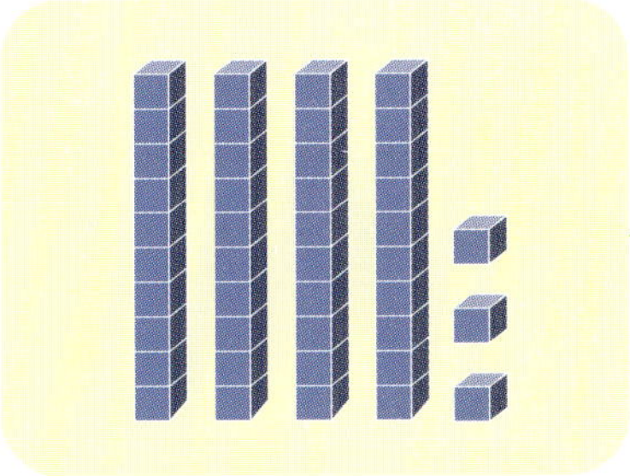

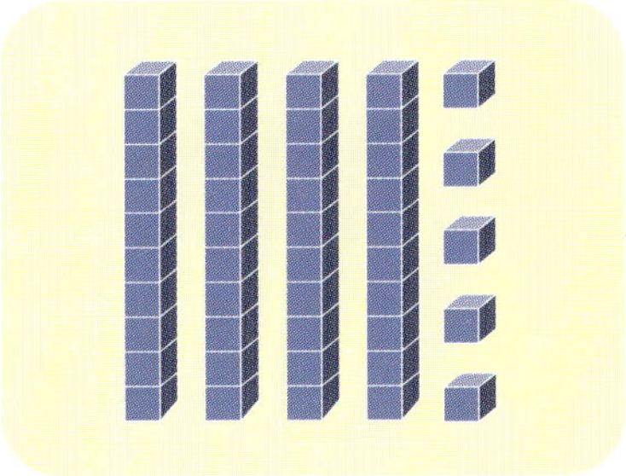

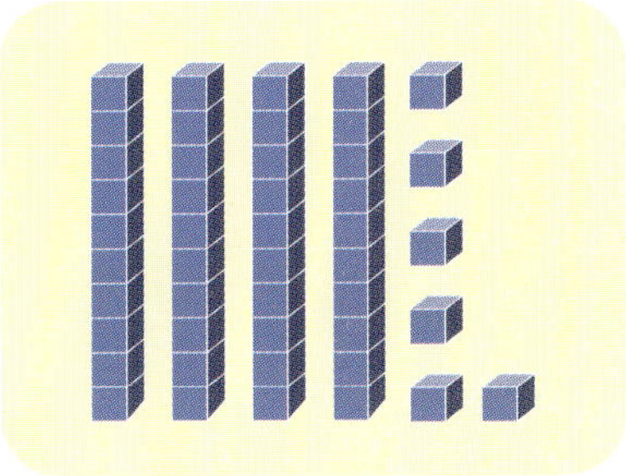

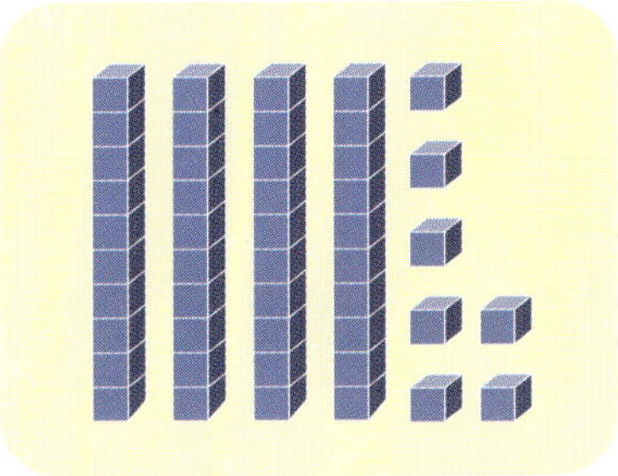

2 주

18 차시 41~50 수 익히기

1 단계

개수를 세어 보고, □ 안에 알맞은 수를 쓰세요.

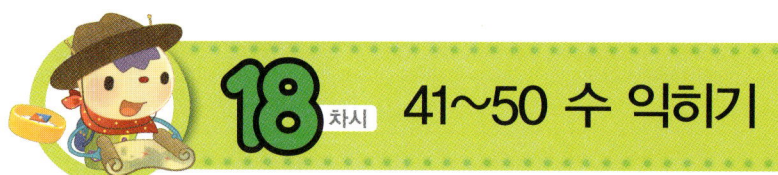

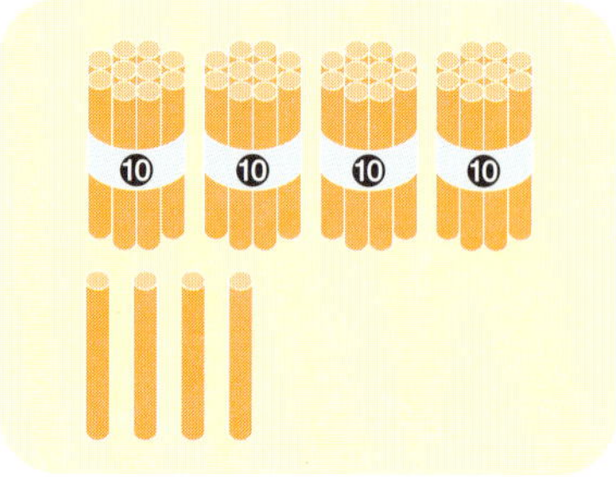

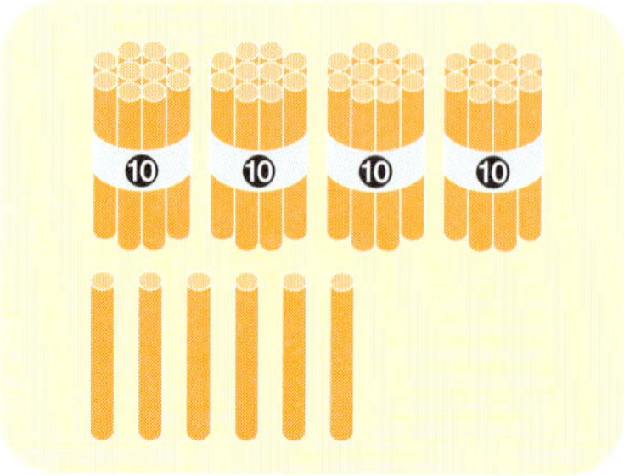

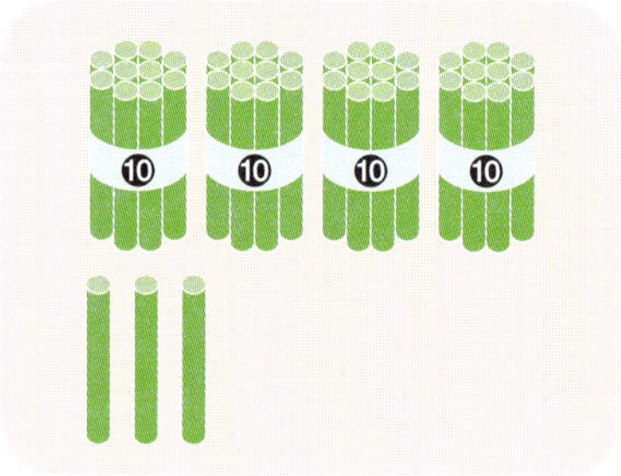

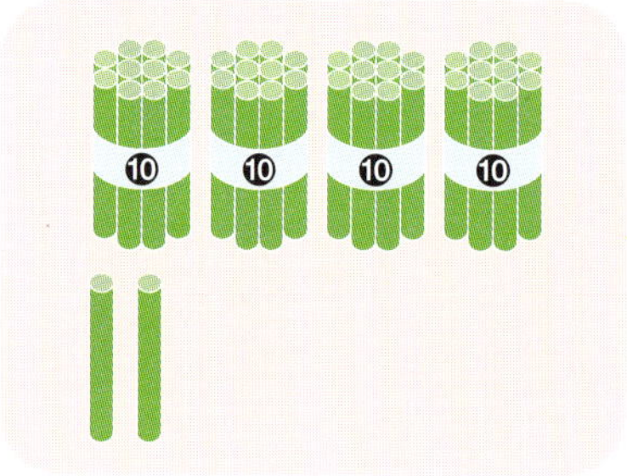

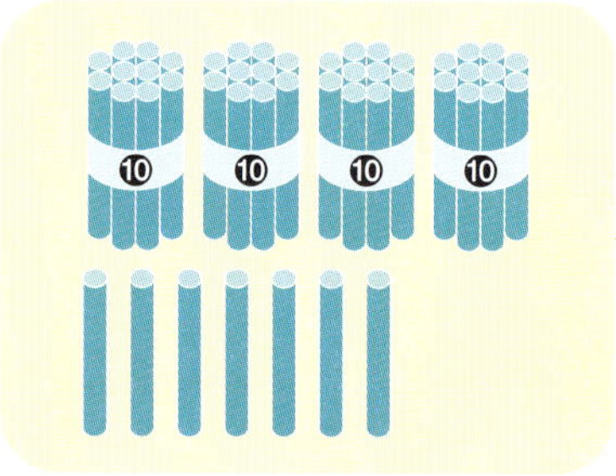

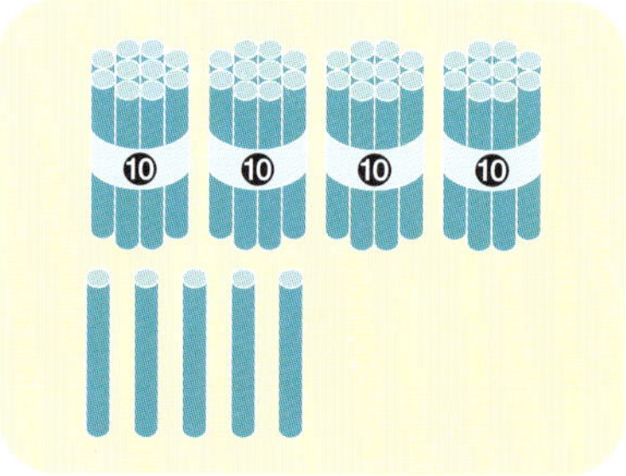

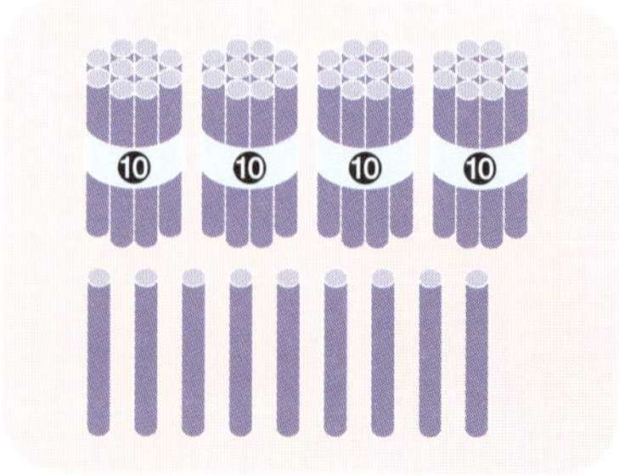

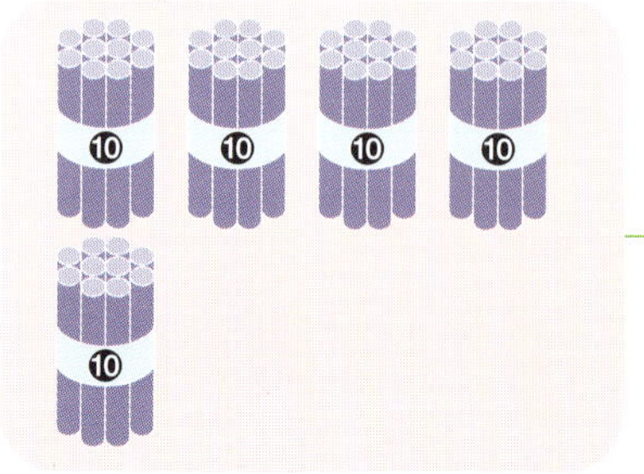

개수를 세어 보고, ☐ 안에 알맞은 수를 쓰세요.

2주

A4 51

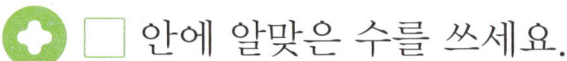

✿ □ 안에 알맞은 수를 쓰세요.

10개씩 4묶음과 낱개 3개는 몇 개일까?

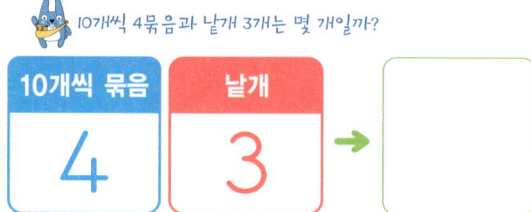

 10개씩 묶음이 4개이면 40이므로, 10개씩 4묶음과 낱개를 읽을 때에는 '사십 몇'으로 읽습니다.

빈칸에 알맞은 수를 쓰세요.

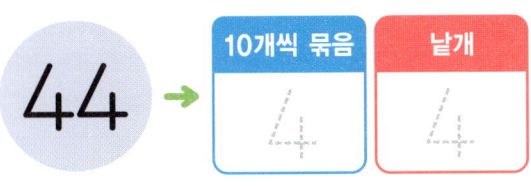

2주

✚ 개수를 세어 보고, ☐ 안에 알맞은 수를 쓰세요.

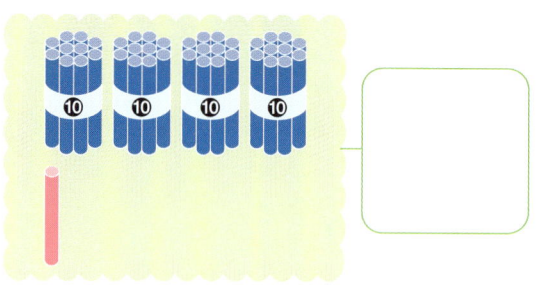

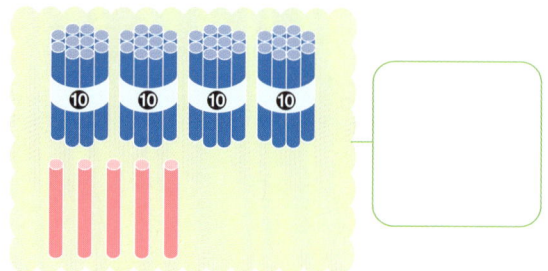

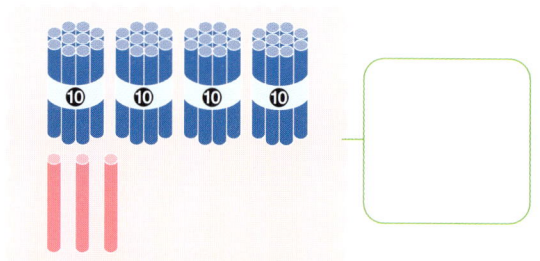

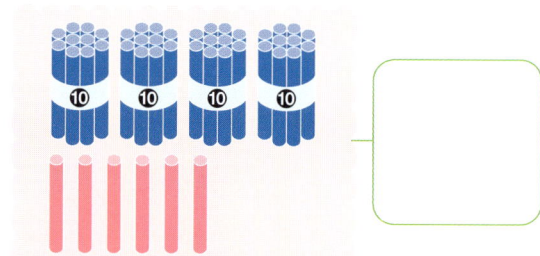

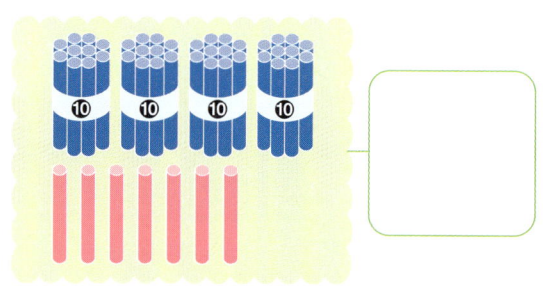

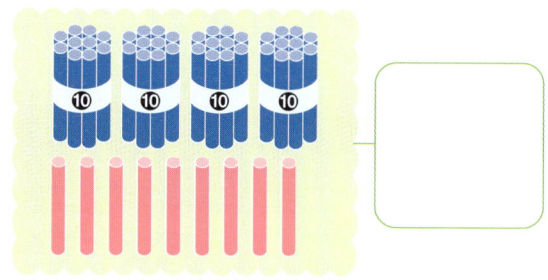

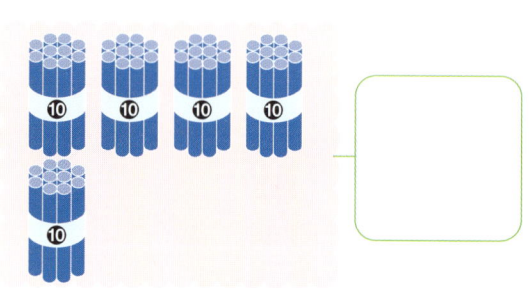

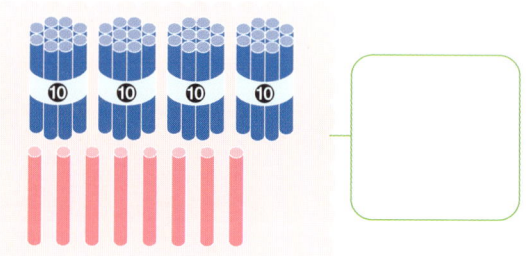

개수를 세어 보고, ☐ 안에 알맞은 수를 쓰세요.

2주

◆ 빈칸에 알맞은 수를 쓰세요.

 11부터 50까지 수의
순서대로 세어 보세요.

11		13		15
16			19	
21	22		24	
	27			30
31		33		
36				40
41	42		44	
	47			50

 꼭꼭 1부터 50까지 수의 순서대로 수 세기를 반복 연습한 후, 수의 순서에 알맞게 숫자를 써 봅니다.

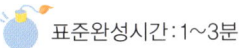

➕ 빈칸에 알맞은 수를 쓰세요.

41	42		44	
	47			50

	42			45
46				50

		43		45
	47		49	

✚ 빈칸에 알맞은 수를 쓰세요.

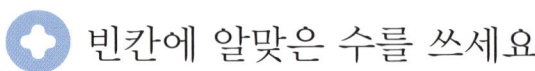 41부터 수의 순서대로 세어 보세요.

| 41 | 42 | | | 45 |

| 42 | | 44 | | |

| | 45 | | | 48 |

| | | 47 | 48 | |

| 46 | | | | 50 |

41 42 43 44 45 46 47 48 49 50

빈칸에 알맞은 수를 쓰세요.

41		43

45		47

2주

44	45	

	48	49

42		44

43	44	

	47	

		46

45		

48		

41 42 43 44 45 46 47 48 49 50

23 차시 41~50 수 익히기 **3**단계

⬥ 개수를 세어 보고, 더 큰 수에 색칠하세요.

| 43 | 45 |
| 41 | 42 |

| 44 | 43 |
| 46 | 45 |

| 50 | 48 |
| 49 | 47 |

 10개씩 묶음의 수를 먼저 세어 묶음의 수가 더 많은 것이 더 큰 수이고, 묶음의 수가 같으면 낱개의 수를 세어 낱개의 수가 더 많은 것이 더 큰 수라는 것을 알려 줍니다.

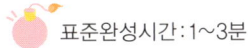
➕ 왼쪽의 수보다 더 작은 수에 △ 표 하세요.

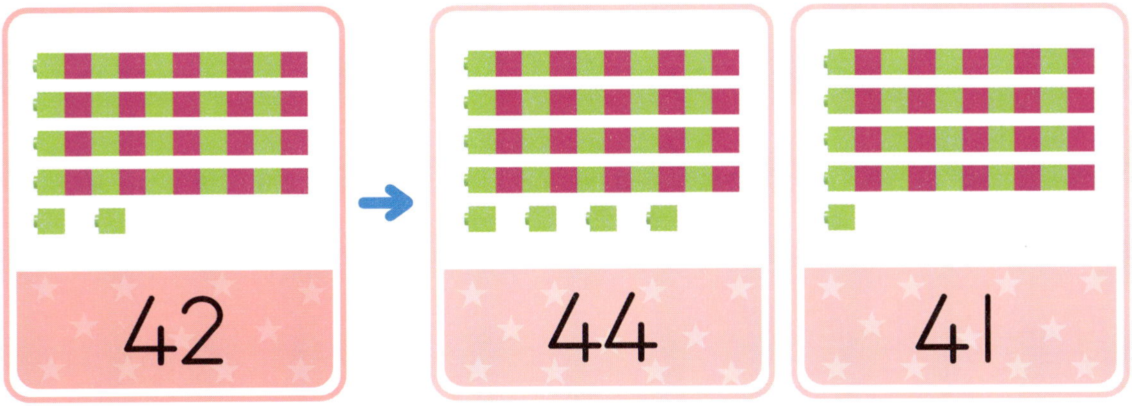

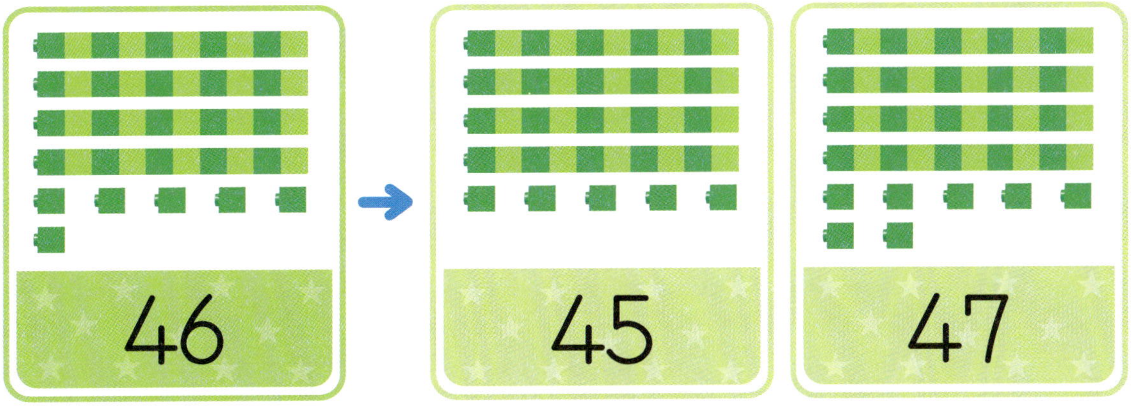

2주

42 →	**44**	**41**
46 →	**45**	**47**
48 →	**50**	**46**

24 차시 41~50 수 익히기

3단계

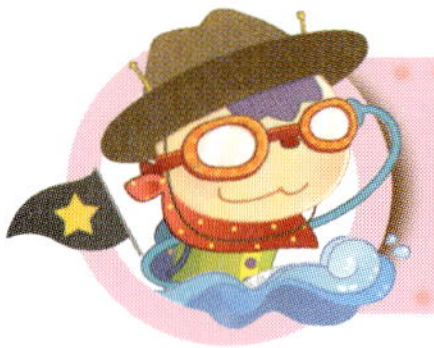

두 수 중 더 큰 수에 색칠하세요.

41 — 42

49 — 50

46 — 45

44 — 45

47 — 46

43 — 44

47 — 48

46 — 49

48 — 46

43 — 42

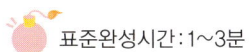 표준완성시간 : 1~3분

공부한 날　　월　　일

✿ 세 수 중 가장 큰 수에 ◯표 하세요.

 10개씩 묶음의 수가 같으면
낱개의 수가 큰 것이 가장 큰 수예요.

| 41 | 42 | 44 |

| 43 | 45 | 42 |

2주

| 46 | 44 | 43 |

| 45 | 47 | 46 |

| 43 | 42 | 41 |

| 46 | 49 | 48 |

| 50 | 48 | 47 |

| 48 | 44 | 47 |

| 48 | 45 | 46 |

| 42 | 49 | 50 |

3주 1~50 종합

학습 체크표 매일 학습이 끝나면 채점을 하고 체크표를 작성하여 나의 실력을 알아보세요.

차시	단계	공부한 날	잘 했나요?
25차시		월 일	😊 🙂 😑 😣
26차시		월 일	😊 🙂 😑 😣
27차시		월 일	😊 🙂 😑 😣
28차시		월 일	😊 🙂 😑 😣
29차시	1단계	월 일	😊 🙂 😑 😣
30차시		월 일	😊 🙂 😑 😣
31차시		월 일	😊 🙂 😑 😣
32차시		월 일	😊 🙂 😑 😣
33차시	2단계	월 일	😊 🙂 😑 😣
34차시		월 일	😊 🙂 😑 😣
35차시	3단계	월 일	😊 🙂 😑 😣
36차시		월 일	😊 🙂 😑 😣

틀린 개수가

0~1 개이면 😊 (아주 잘함)에, 2~3 개이면 🙂 (잘함)에,

4~5 개이면 😑 (보통)에, 6개 이상이면 😣 (노력 바람)에 색칠해 주세요.

학습목표 지금까지 배운 1부터 50까지의 수 개념과 수의 성질을 정리하며, 다양한 문제를 능숙하게 풀 수 있습니다.

3주

카드를 뒤집어서 큰 수가 나오는 쪽이 이기는 놀이 하자~

그래~!

난 17이다!

난 21이니까 내가 이겼다!

으~ 한번 더 해!

좋아!

🍀 개수를 세어 보고, 알맞은 수에 ◯표 하세요.

1
2

2
3

4
2

5
4

4
3

5
6

5
9

5
7

8
9

9
10

개수를 세어 보고, 알맞은 수에 색칠하세요.

➕ 왼쪽의 수만큼 그림을 묶으세요.

🐇 10개씩 묶음 2줄은 20이에요.

23

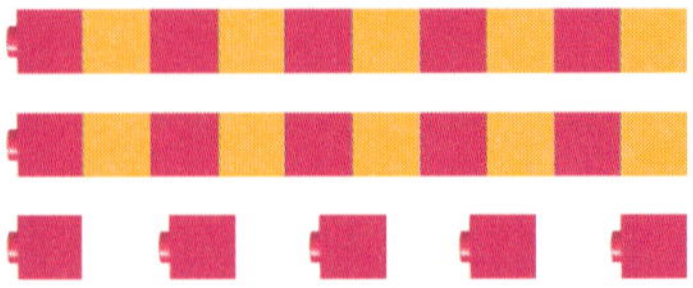

25

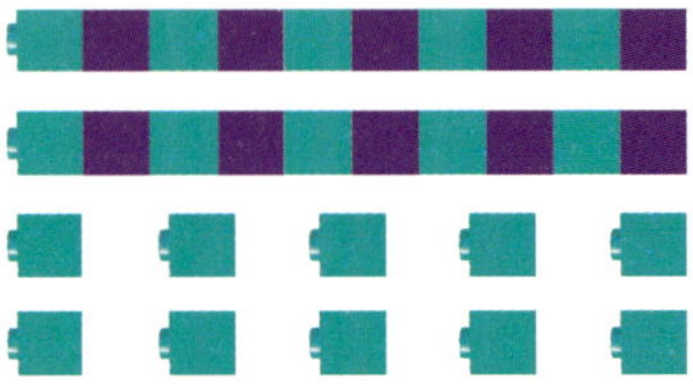

24

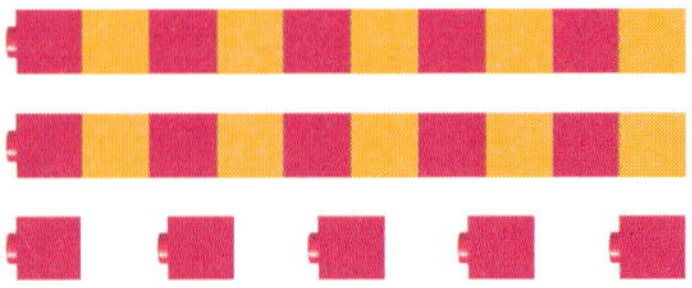

28

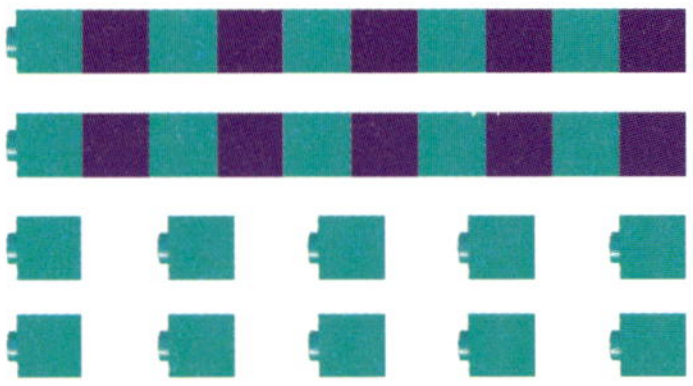

30

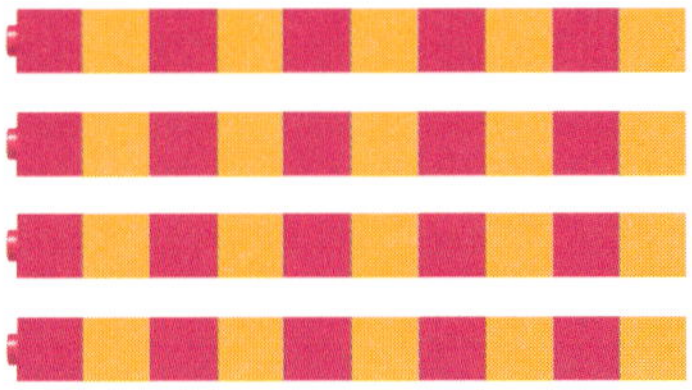

개수를 세어 보고, 알맞은 수에 ◯표 하세요.

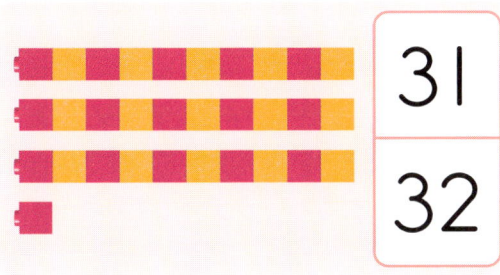

31
32

35
34

34
33

35
36

38
39

37
39

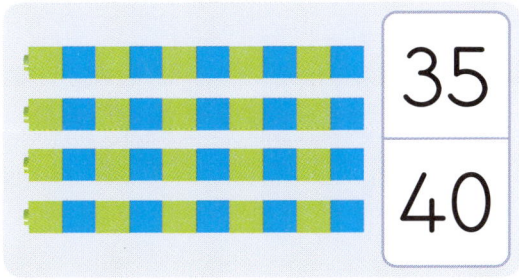

35
40

38
37

27 차시   1~50 종합   1 단계

🌼 같은 수끼리 짝지어진 것에 모두 ◯표 하세요.

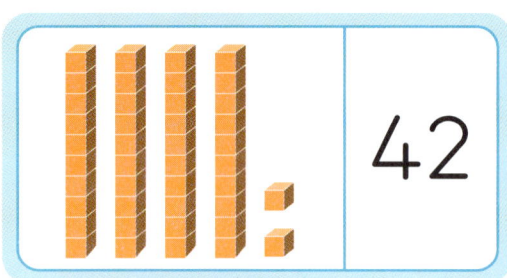 42

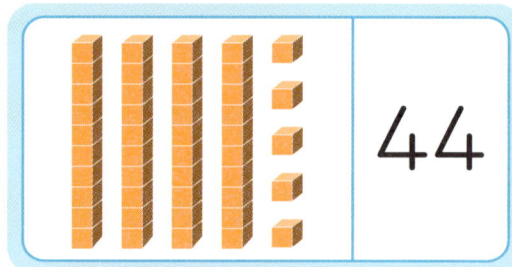 44

 47

 46

묶음과 낱개의 개수를 잘 세어 보세요.

 43

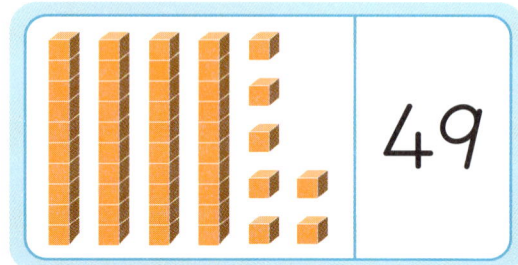 49

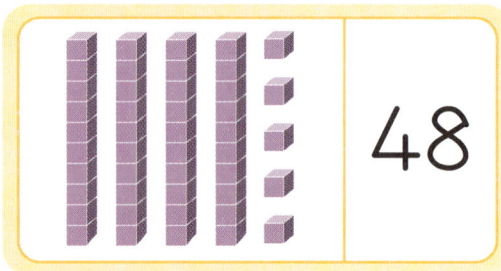 48

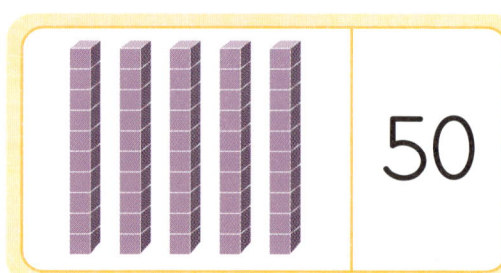 50

 같은 수끼리 선으로 이으세요.

 10 •

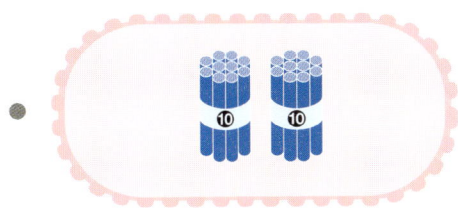 •

 20 •

 •

 30 •

 •

 40 •

 •

 50 •

 •

28 차시 1~50 종합

🔵 개수를 세어 보고, 빈칸에 알맞은 수를 쓰세요.

10개씩 묶음	낱개
1	2

→ 12

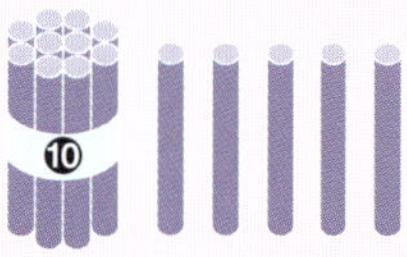

10개씩 묶음	낱개

→

10개씩 묶음	낱개

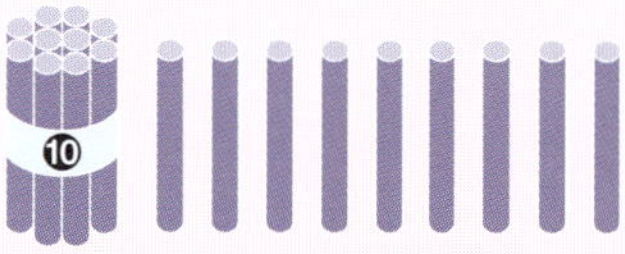

→

10개씩 묶음	낱개

→

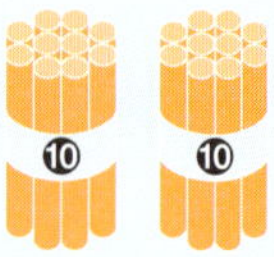

10개씩 묶음	낱개

→

개수를 세어 보고, 빈칸에 알맞은 수를 쓰세요.

10개씩 묶음이 2개이면 20이에요.

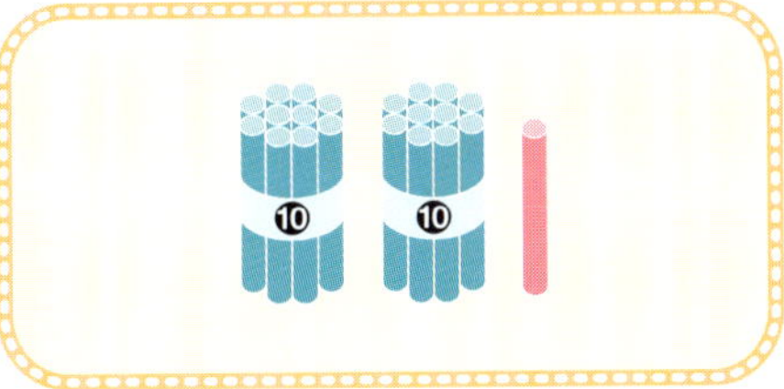

10개씩 묶음	낱개
2	1

→ 21

10개씩 묶음	낱개

→

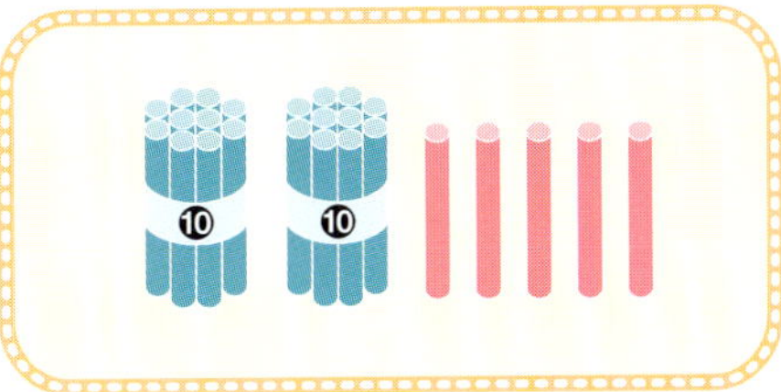

10개씩 묶음	낱개

→

10개씩 묶음	낱개

→

10개씩 묶음	낱개

→

3주

꼭꼭 수수깡 10개씩 2묶음은 20개이므로 묶음의 수와 낱개의 수를 세어 '이십 몇'으로 나타내어 씁니다.

29 차시 1~50 종합 **1** 단계

⬤ 개수를 세어 보고, 빈칸에 알맞은 수를 쓰세요.

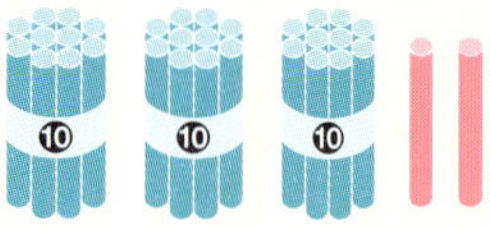

10개씩 묶음	낱개	→	

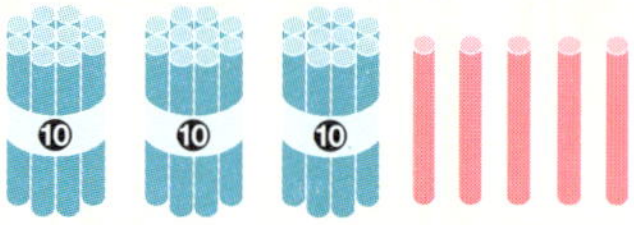

10개씩 묶음	낱개	→	

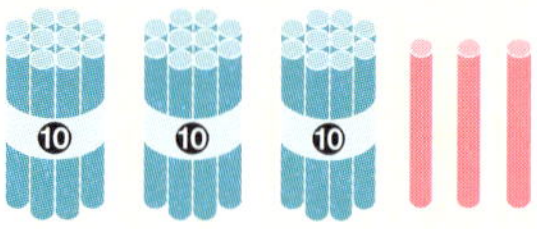

10개씩 묶음	낱개	→	

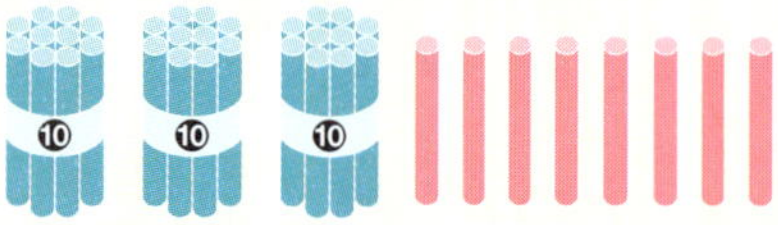

10개씩 묶음	낱개	→	

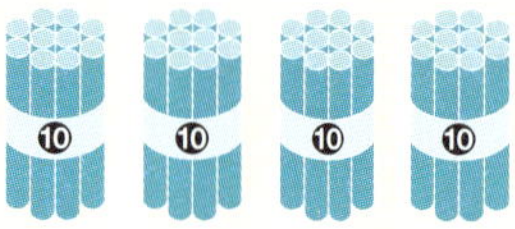

10개씩 묶음	낱개	→	

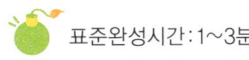
✿ 개수를 세어 보고, 빈칸에 알맞은 수를 쓰세요.

10개씩 묶음	낱개

→

10개씩 묶음	낱개

→

10개씩 묶음	낱개

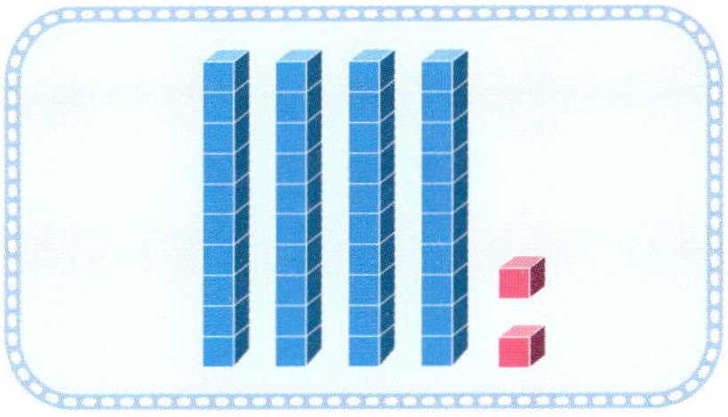

→

10개씩 묶음	낱개

→

10개씩 묶음	낱개

→

3주

♣ ☐ 안에 알맞은 수를 쓰세요.

10개씩 묶음	낱개		
2	1	→	21

10개씩 묶음	낱개		
2	6	→	

10개씩 묶음	낱개		
3	4	→	

10개씩 묶음	낱개		
3	7	→	

10개씩 묶음	낱개		
3	2	→	

10개씩 묶음	낱개		
1	8	→	

10개씩 묶음	낱개		
1	3	→	

10개씩 묶음	낱개		
4	5	→	

10개씩 묶음	낱개		
4	6	→	

10개씩 묶음	낱개		
5	0	→	

꼭꼭 10개씩 묶음의 수와 낱개의 수를 '몇십 몇'으로 나타내어 씁니다.

빈칸에 알맞은 수를 쓰세요.

	10개씩 묶음	낱개
23 →	2	3

	10개씩 묶음	낱개
27 →		

	10개씩 묶음	낱개
31 →		

	10개씩 묶음	낱개
16 →		

	10개씩 묶음	낱개
35 →		

	10개씩 묶음	낱개
30 →		

	10개씩 묶음	낱개
14 →		

	10개씩 묶음	낱개
48 →		

	10개씩 묶음	낱개
42 →		

	10개씩 묶음	낱개
49 →		

3주

➕ 개수를 세어 보고, 빈칸에 알맞은 수를 쓰세요.

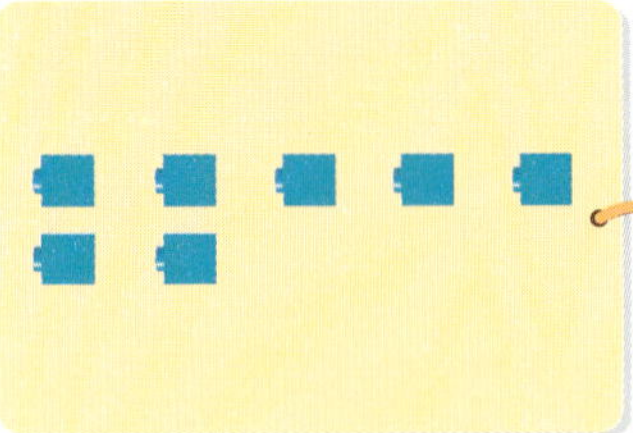

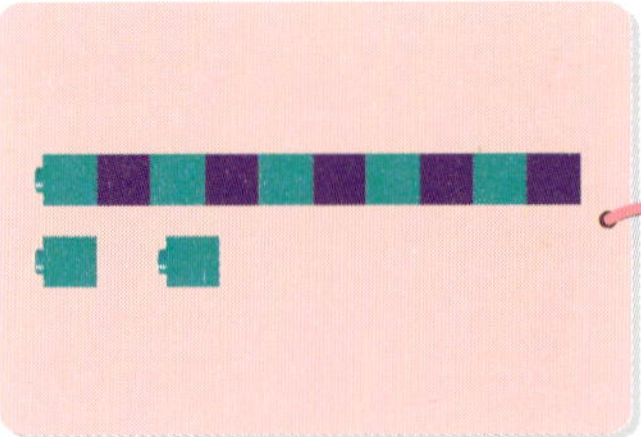

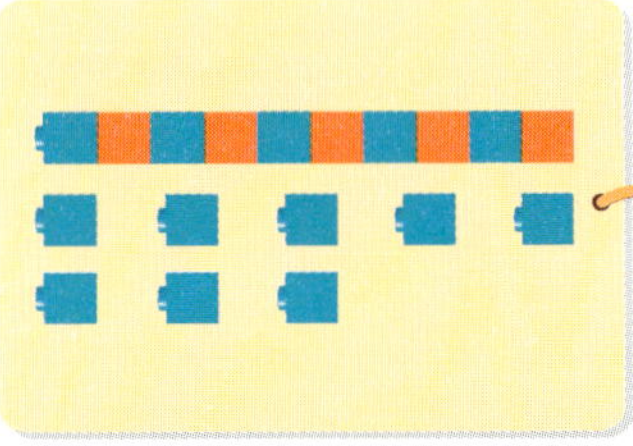

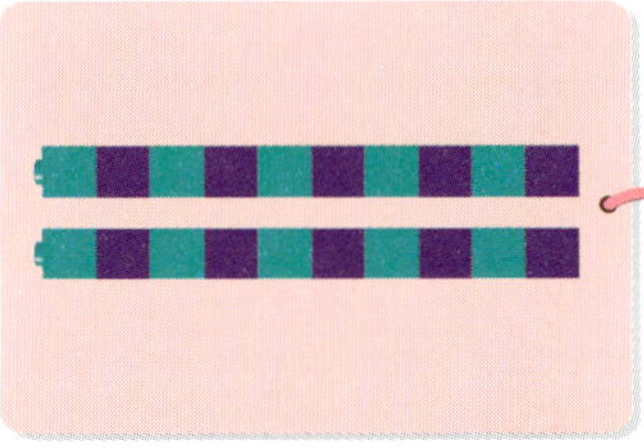

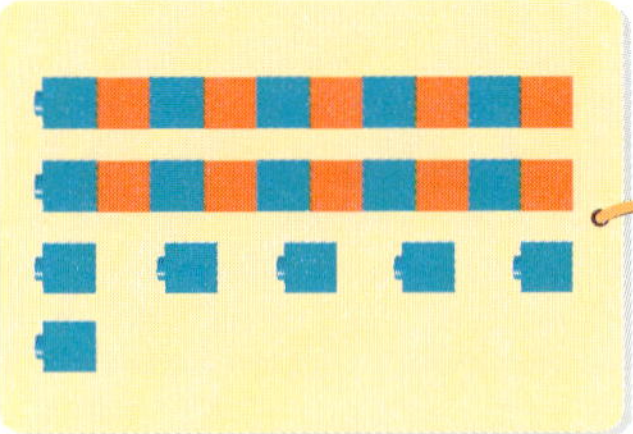

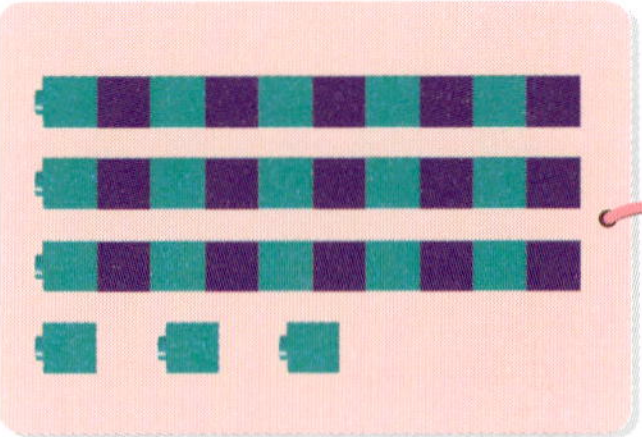

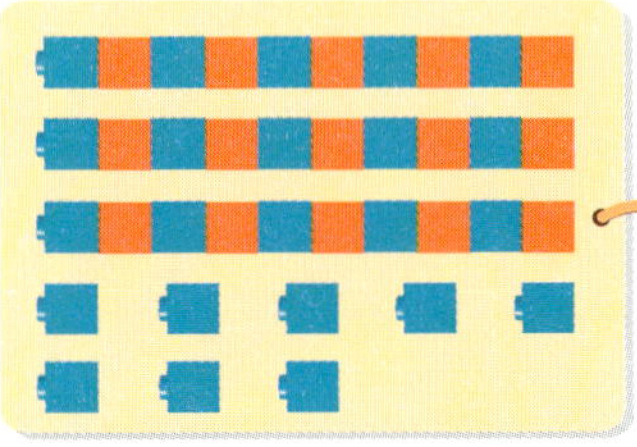

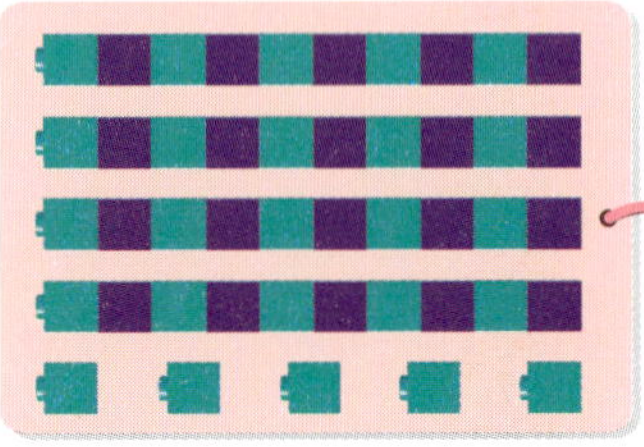

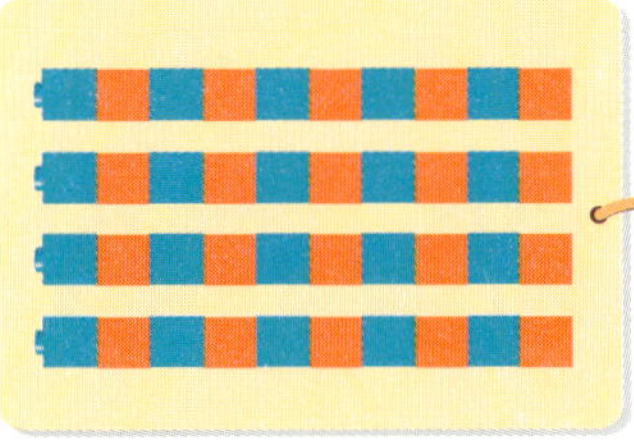

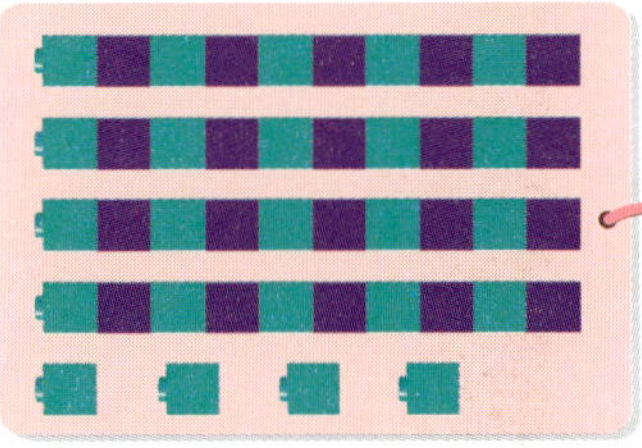

꼭꼭 10개씩 묶음의 수를 먼저 세어 보고 그 다음 낱개의 수를 세어 '몇십 몇'으로 나타내어 씁니다.

➕ 개수를 세어 보고, 빈칸에 알맞은 수를 쓰세요.

 10개씩 몇 묶음인지
먼저 세어 보아야 해요.

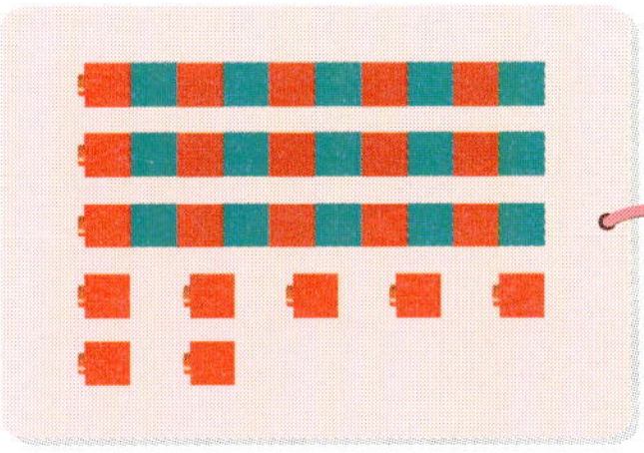

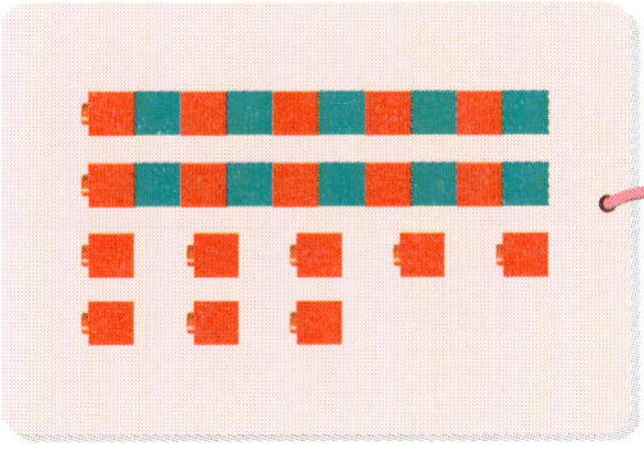

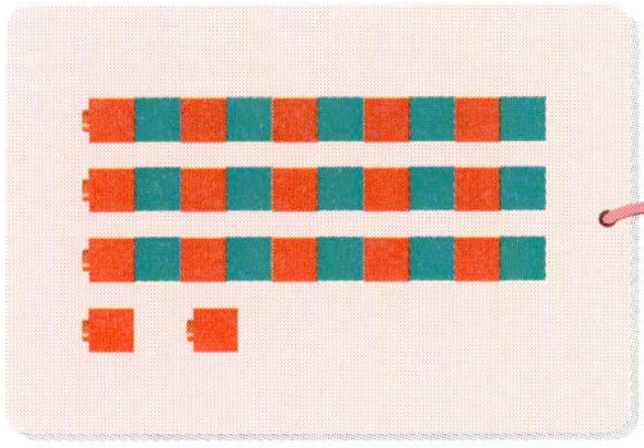

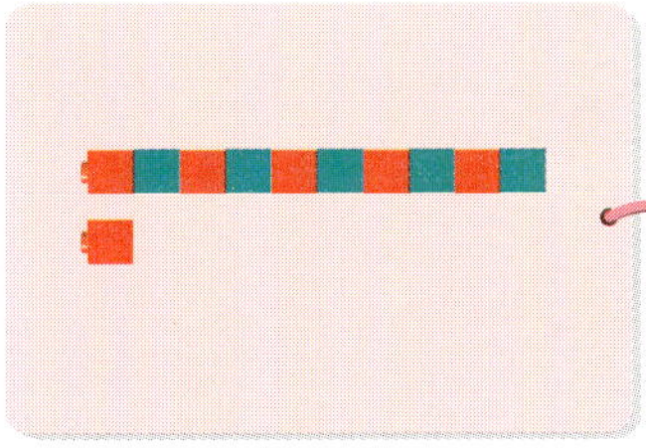

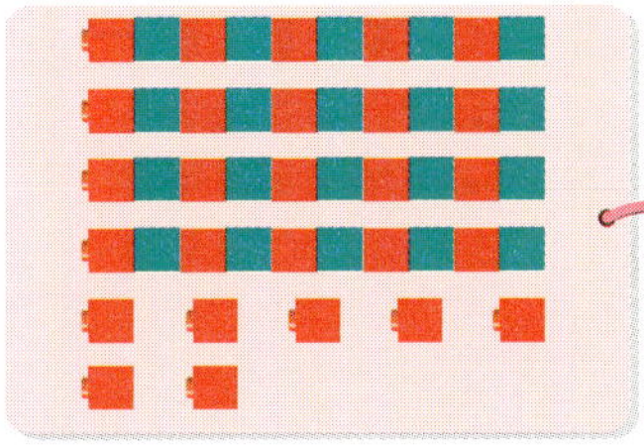

3주

A4 81

🍀 개수를 세어 보고, 빈칸에 알맞은 수를 쓰세요.

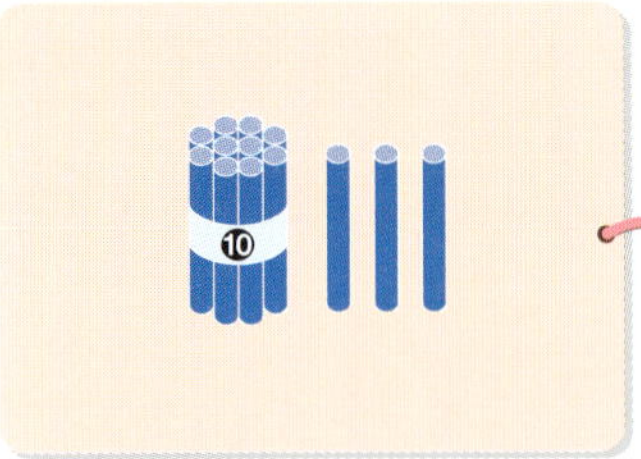

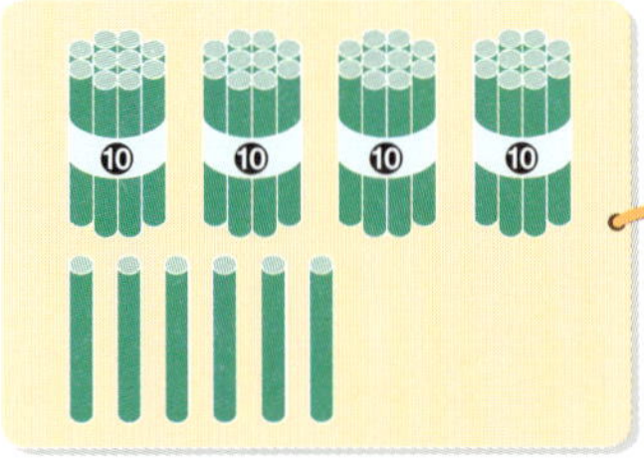

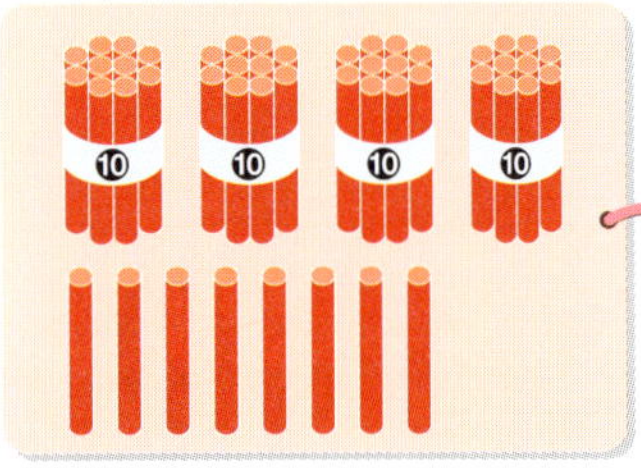

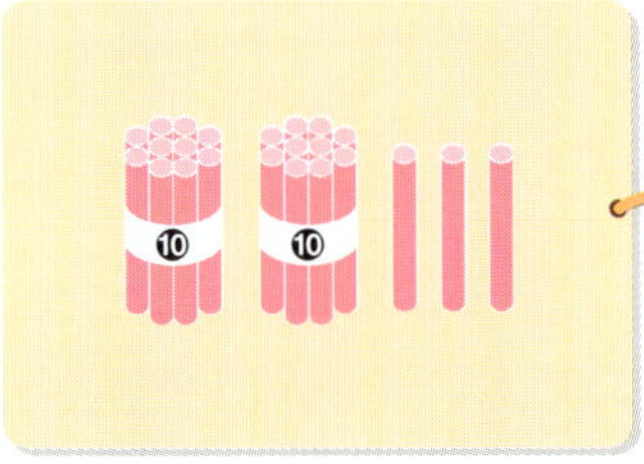

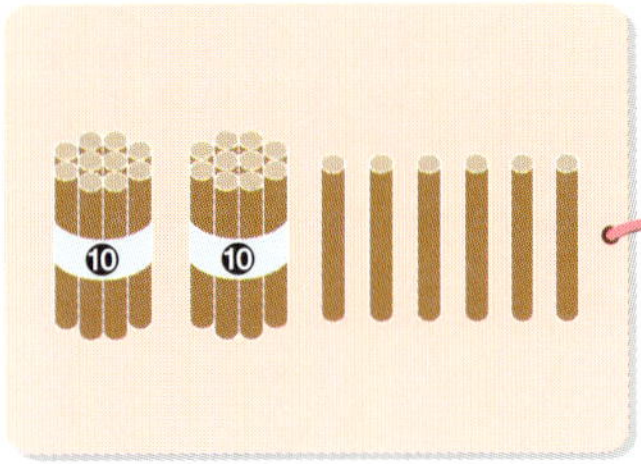

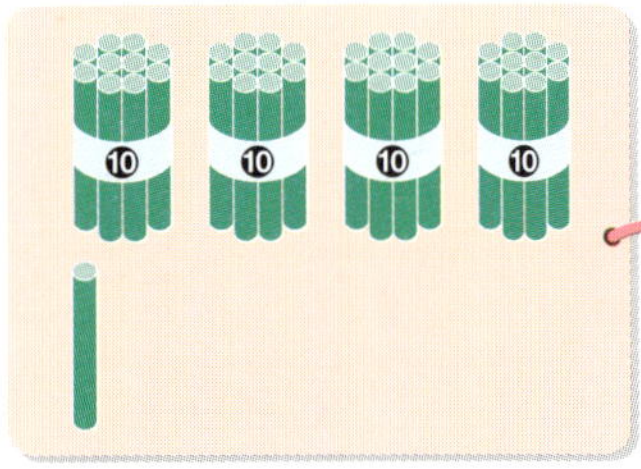

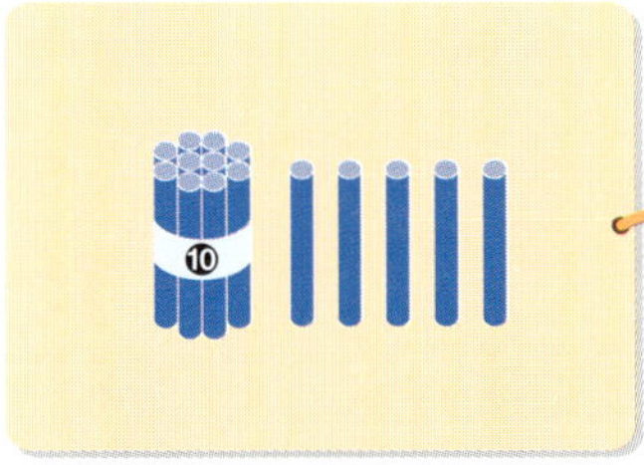

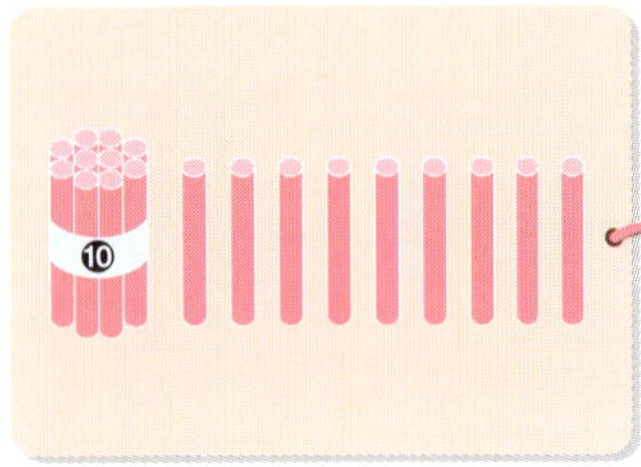

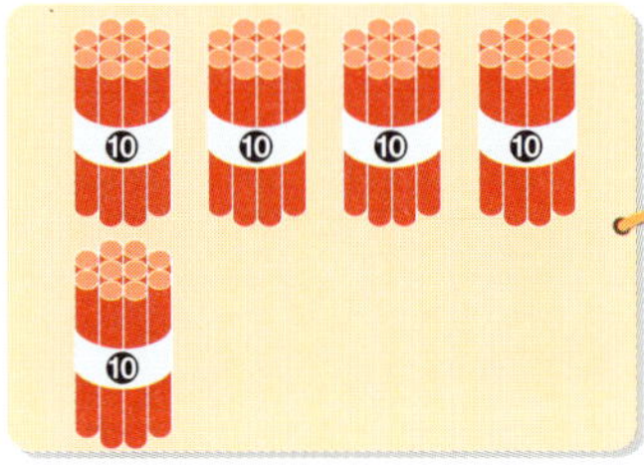

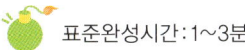

1부터 50까지 수의 순서대로 점을 이어 그림을 완성하세요.

빈칸에 알맞은 수를 쓰세요.

11			14	
	17			20
21		23		
26	27			30
	32			
		38		40
41			44	
	47			50

꼭꼭 1부터 50까지의 수 세기에 익숙하지 않으면 1부터 10까지의 수를 먼저 반복하여 연습한 후, 순서대로 50까지의 수를 연습합니다.

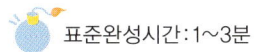

빈칸에 알맞은 수를 쓰세요.

| 5 | | | 8 | | 10 |

| 13 | | 15 | 16 | | |

| 22 | | | 25 | | 27 |

| | 35 | | | 38 | 39 |

| 45 | | 47 | | | 50 |

34 차시 1~50 종합   2단계

✚ 빈칸에 알맞은 수를 쓰세요.

1부터 수의 순서대로 세어 보세요.

| 4 | | 6 |

| 8 | | 10 |

| | 12 | 13 |

| 18 | 19 | |

| 22 | 23 | |

| 27 | | 29 |

| 31 | | 33 |

| | 37 | |

| 43 | | |

| | | 50 |

수의 순서대로 바르게 쓰인 것에 모두 색칠하세요.

| 4 | 5 | 6 | 7 | 8 |

| 13 | 14 | 15 | 16 | 17 |

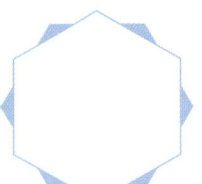

3주

| 24 | 25 | 27 | 28 | 26 |

| 36 | 37 | 38 | 39 | 40 |

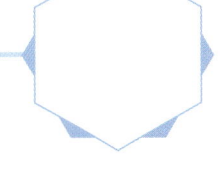

| 46 | 49 | 50 | 47 | 48 |

35차시 1~50 종합   **3**단계

세 수 중 가장 큰 수에 ◯표 하세요.

| 12 | 14 | (15) |

| 38 | 28 | 39 |

| 43 | 41 | 45 |

| 22 | 32 | 42 |

| 26 | 29 | 24 |

| 6 | 8 | 9 |

| 31 | 36 | 35 |

| 29 | 30 | 27 |

| 17 | 15 | 23 |

| 45 | 48 | 49 |

꼭꼭 묶음의 수가 클수록 더 큰 수이고, 묶음의 수가 같으면 낱개의 수가 큰 수가 더 큰 수입니다.

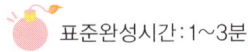
세 수 중 가장 큰 수에 ◯표, 가장 작은 수에 △표 하세요.

| △9 | 12 | ◯14 |

| 39 | 40 | 43 |

| 33 | 23 | 13 |

| 21 | 12 | 25 |

| 43 | 41 | 42 |

| 17 | 28 | 19 |

| 38 | 36 | 35 |

| 15 | 18 | 17 |

| 29 | 41 | 14 |

| 50 | 40 | 30 |

1~50 종합

3단계

💠 왼쪽의 수보다 더 큰 수에 ◯표 하세요.

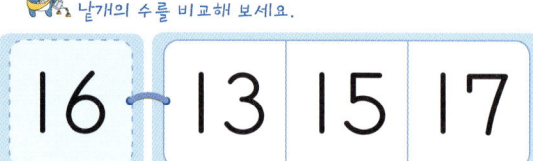

10개씩 묶음의 수가 같으면
낱개의 수를 비교해 보세요.

| 13 | 12 | (14) | 11 |

| 16 | 13 | 15 | 17 |

| 24 | 22 | 23 | 26 |

| 25 | 27 | 24 | 23 |

| 30 | 27 | 31 | 29 |

| 37 | 32 | 36 | 38 |

| 39 | 40 | 38 | 37 |

| 42 | 40 | 44 | 41 |

| 46 | 42 | 47 | 45 |

| 49 | 47 | 48 | 50 |

왼쪽의 수보다 더 작은 수에 △ 표 하세요.

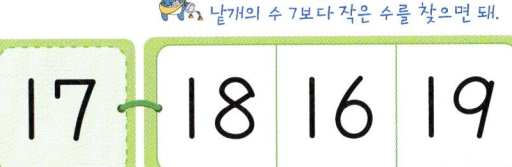
묶음의 수가 같으니까 낱개의 수 7보다 작은 수를 찾으면 돼.

15	13	16	17

17	18	16	19

20	22	21	18

27	28	25	29

3 주

34	32	35	38

36	33	39	37

38	39	40	31

40	44	42	39

44	45	42	46

48	43	49	50

 **4**주 51~70 수 익히기

학습 체크표 매일 학습이 끝나면 채점을 하고 체크표를 작성하여 나의 실력을 알아보세요.

차시	단계	공부한 날	잘 했나요?
37차시	1단계	월 일	😊 🙂 😑 😣
38차시		월 일	😊 🙂 😑 😣
39차시		월 일	😊 🙂 😑 😣
40차시		월 일	😊 🙂 😑 😣
41차시		월 일	😊 🙂 😑 😣
42차시		월 일	😊 🙂 😑 😣
43차시		월 일	😊 🙂 😑 😣
44차시		월 일	😊 🙂 😑 😣
45차시	2단계	월 일	😊 🙂 😑 😣
46차시		월 일	😊 🙂 😑 😣
47차시	3단계	월 일	😊 🙂 😑 😣
48차시		월 일	😊 🙂 😑 😣

틀린 개수가

0~1개이면 😊 (아주 잘함)에, 2~3개이면 🙂 (잘함)에,

4~5개이면 😑 (보통)에, 6개 이상이면 😣 (노력 바람)에 색칠해 주세요.

만화로 개념 알아보기

학습목표 51부터 70까지의 수·양 개념과 계열성을 익혀 수의 크기를 비교할 수 있습니다.

너희들이 나보다 사탕이 더 많으니까 조금만 줘라~

...헤헤

넌 몇 개 있는데?

음~ 손가락, 발가락을 모두 사용해서 세어도 사탕이 남네…

37차시 51~70 수 익히기

1단계

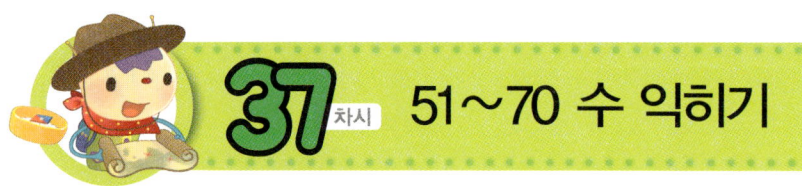

개수를 세어 보고, 수를 따라 쓰세요.

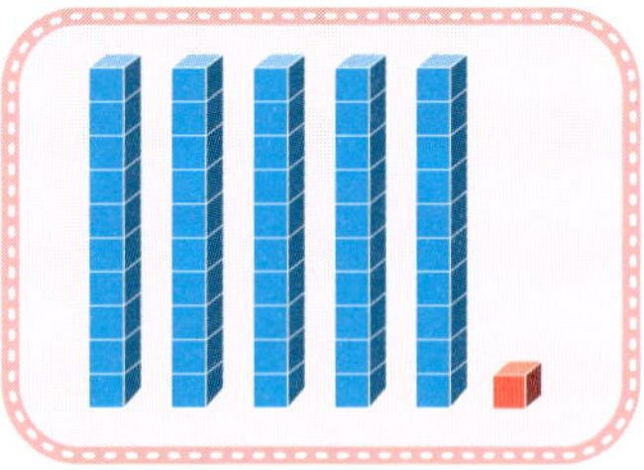

10개씩 묶음	낱개
5	1

→ 51 51 오십일 • 쉰하나

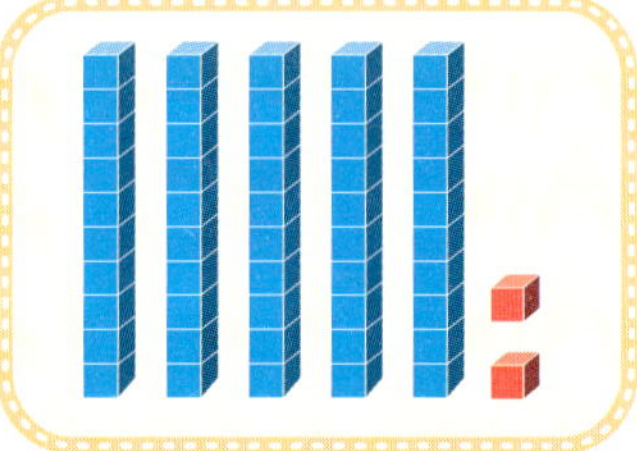

10개씩 묶음	낱개
5	2

→ 52 52 오십이 • 쉰둘

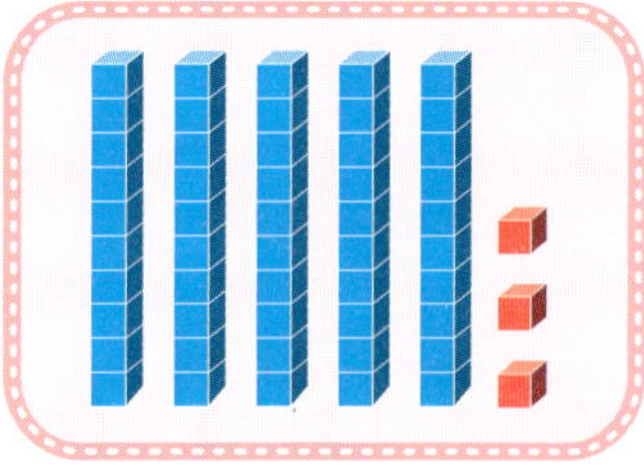

10개씩 묶음	낱개
5	3

→ 53 53 오십삼 • 쉰셋

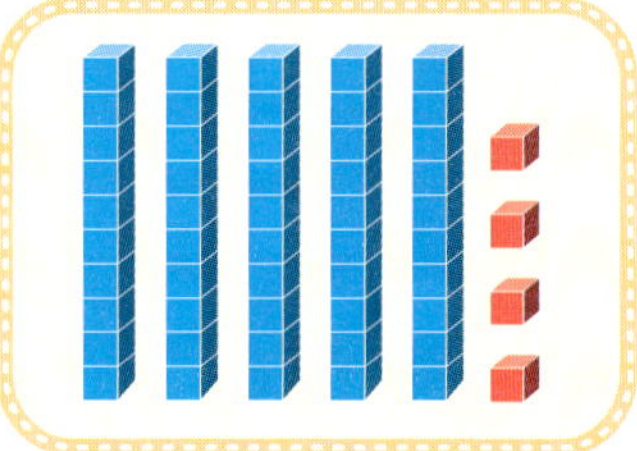

10개씩 묶음	낱개
5	4

→ 54 54 오십사 • 쉰넷

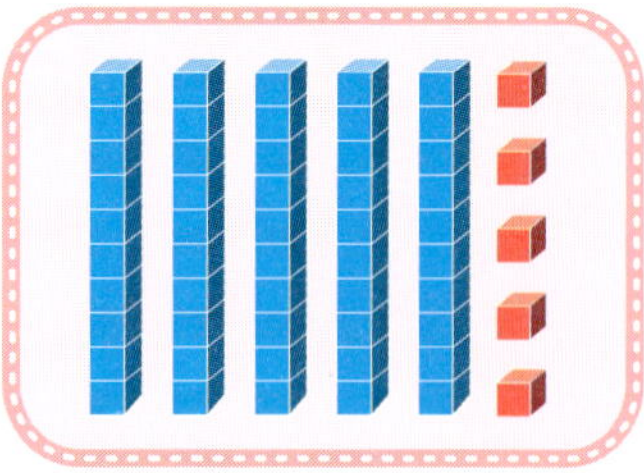

10개씩 묶음	낱개
5	5

→ 55 55 오십오 • 쉰다섯

꼭꼭 블록 10개씩 묶음 5줄은 50이라는 것을 알게 하고, 50과 낱개의 수를 세어 '오십 몇'을 알아봅니다.

✚ 개수를 세어 보고, 수를 따라 쓰세요.

💬 10개씩 묶음 5줄은 50이에요.

10개씩 묶음	낱개
5	6

→ **56** 56
오십육 · 쉰여섯

10개씩 묶음	낱개
5	7

→ **57** 57
오십칠 · 쉰일곱

10개씩 묶음	낱개
5	8

→ **58** 58
오십팔 · 쉰여덟

10개씩 묶음	낱개
5	9

→ **59** 59
오십구 · 쉰아홉

4주

💬 10개씩 묶음 6줄은 60이에요.

10개씩 묶음	낱개
6	0

→ **60** 60
육십 · 예순

38차시 51~70 수 익히기　　1단계

✚ 개수를 세어 보고, 알맞은 수에 ◯표 하세요.

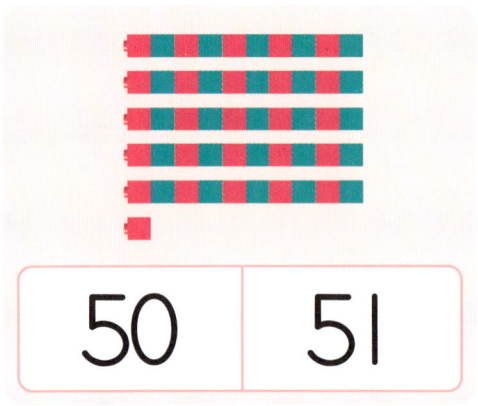

50	51

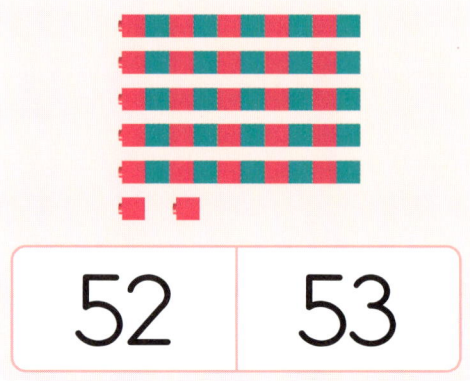

52	53

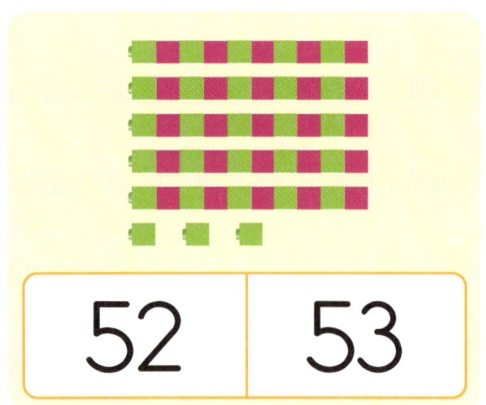

52	53

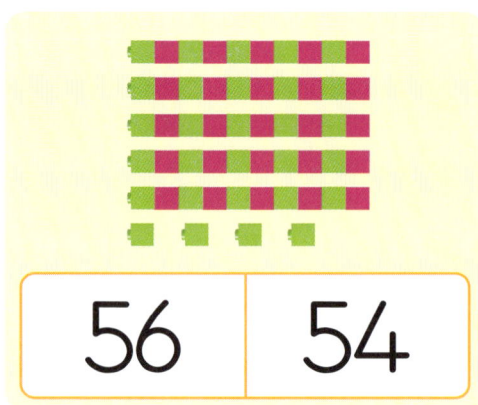

56	54

55	52

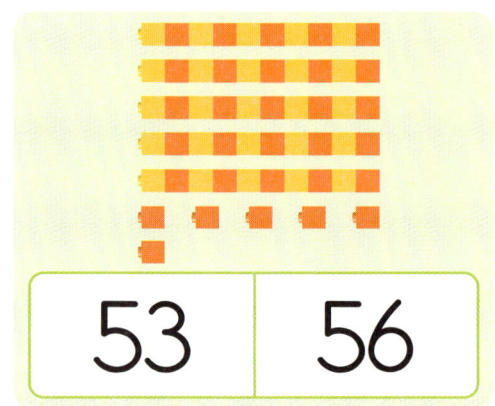

53	56

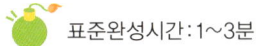

개수를 세어 보고, 알맞은 수에 색칠하세요.

| 57 | 55 |

| 56 | 58 |

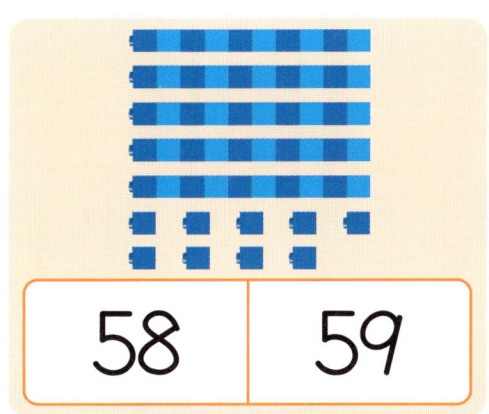

| 58 | 59 |

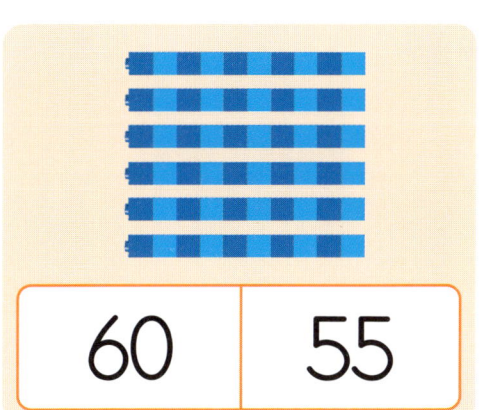

| 60 | 55 |

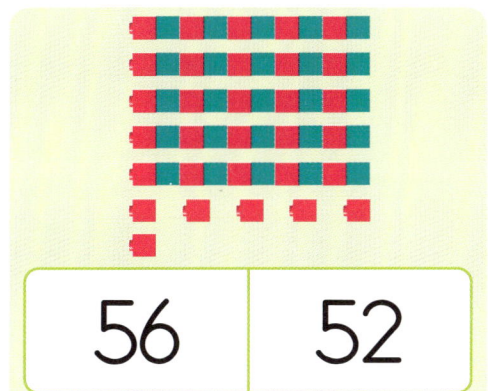

| 56 | 52 |

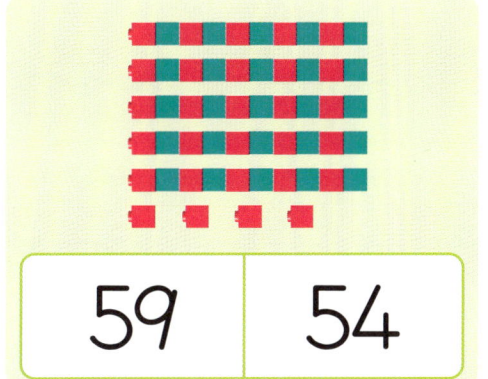

| 59 | 54 |

39차시 51~70 수 익히기 **1단계**

○ 개수를 세어 보고, 수를 따라 쓰세요.

10개씩 묶음	낱개
6	1

→ **61** 61
육십일 · 예순하나

10개씩 묶음	낱개
6	2

→ **62** 62
육십이 · 예순둘

10개씩 묶음	낱개
6	3

→ **63** 63
육십삼 · 예순셋

10개씩 묶음	낱개
6	4

→ **64** 64
육십사 · 예순넷

10개씩 묶음	낱개
6	5

→ **65** 65
육십오 · 예순다섯

꼭꼭 블록 10개씩 묶음 6줄은 60이라는 것을 알게 하고, 60과 낱개의 수를 세어 '육십 몇'을 알아봅니다.

🍀 개수를 세어 보고, 수를 따라 쓰세요.

10개씩 묶음	낱개
6	6

➜ 66 66
육십육 · 예순여섯

10개씩 묶음	낱개
6	7

➜ 67 67
육십칠 · 예순일곱

4주

10개씩 묶음	낱개
6	8

➜ 68 68
육십팔 · 예순여덟

10개씩 묶음	낱개
6	9

➜ 69 69
육십구 · 예순아홉

10개씩 묶음 7줄은 70이에요.

10개씩 묶음	낱개
7	0

➜ 70 70
칠십 · 일흔

➕ 개수를 세어 보고, 알맞은 수에 ◯표 하세요.

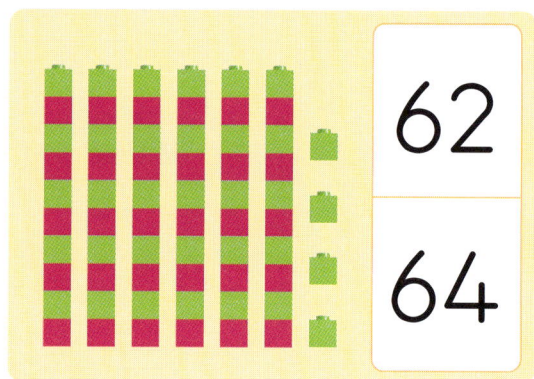

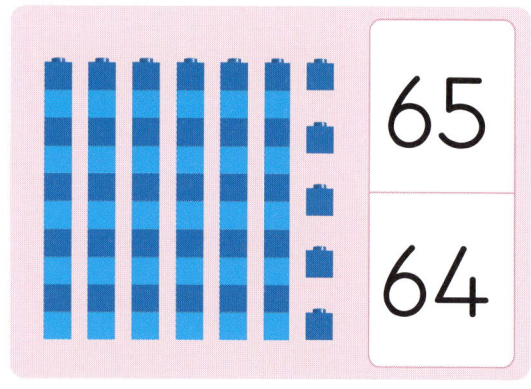

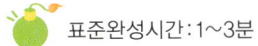

✚ 개수를 세어 보고, 알맞은 수에 색칠하세요.

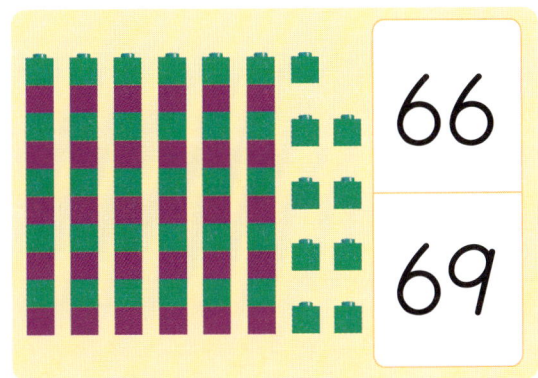

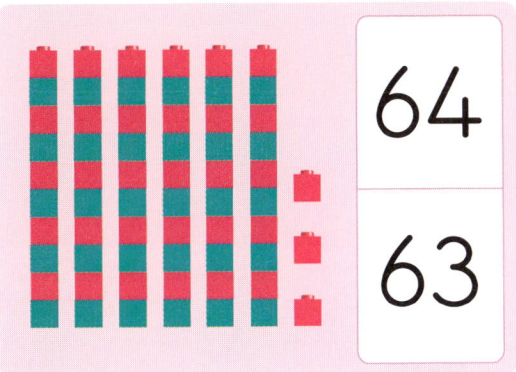

41 차시 51~70 수 익히기

1 단계

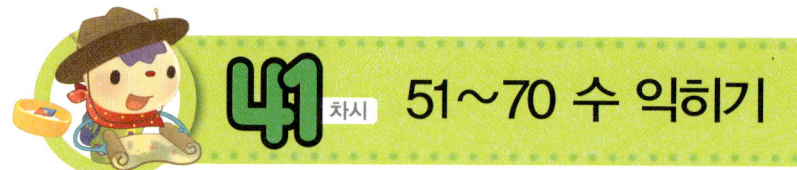

왼쪽의 수만큼 그림을 묶으세요.

10개씩 묶어서 묶음의 수로 세어 보세요.

54

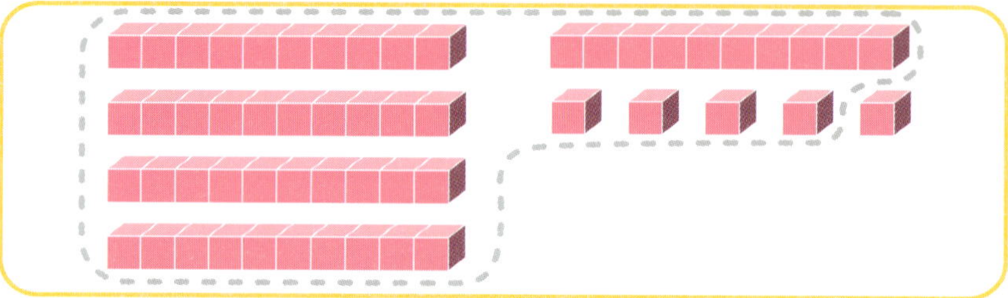

61

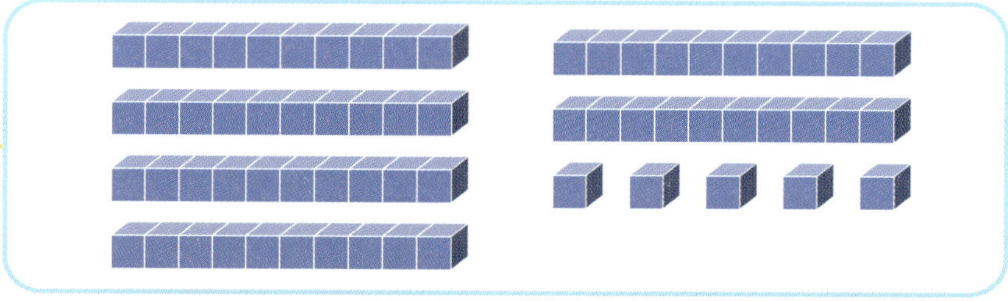

55

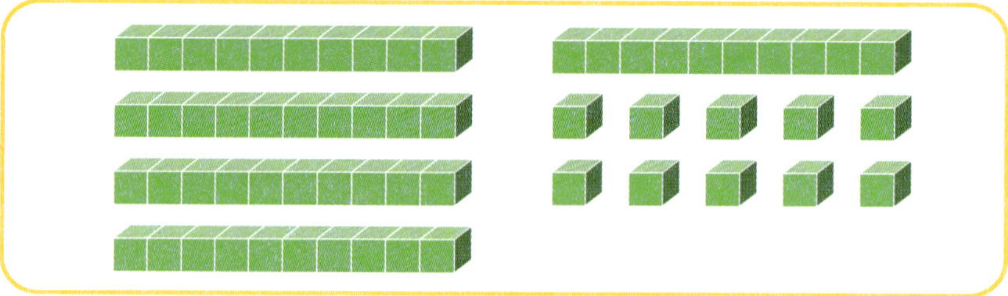

68

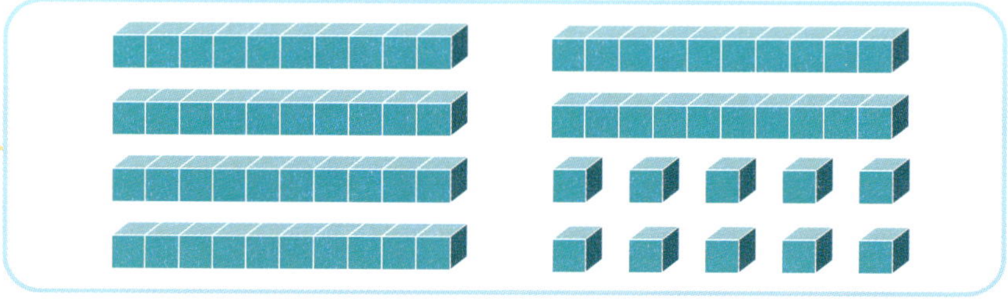

70

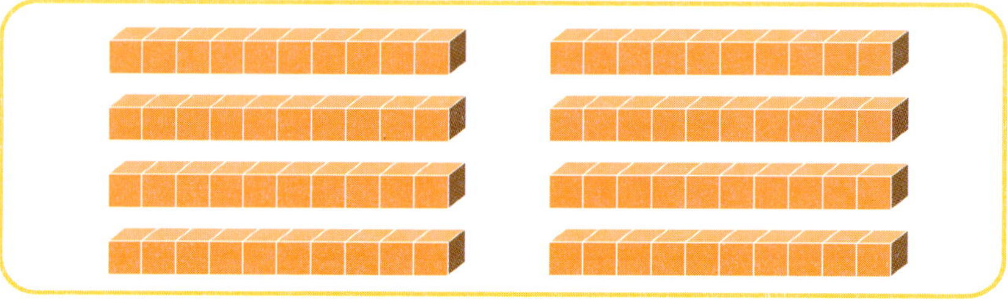

같은 수끼리 선으로 이으세요.

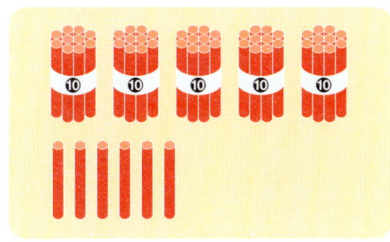

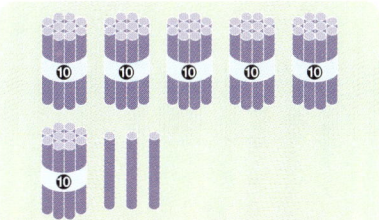

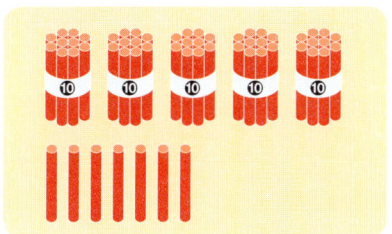

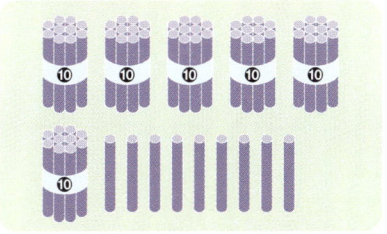

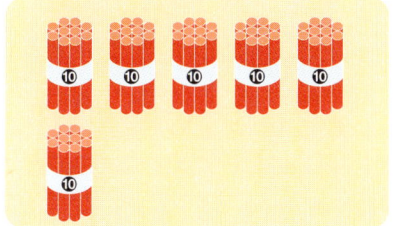

 63

 57

 56

 60

 69

 4주

 블록을 10개씩 묶음의 수와 나머지 낱개의 수로 세면 몇 개인지 쉽게 알 수 있습니다.

○ 개수를 세어 보고, ☐ 안에 알맞은 수를 쓰세요.

✚ 개수를 세어 보고, ☐ 안에 알맞은 수를 쓰세요.

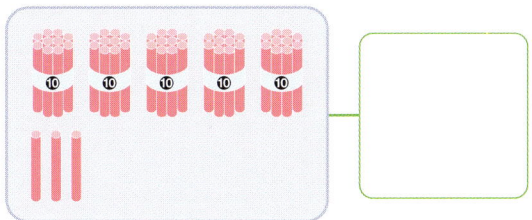 ☐

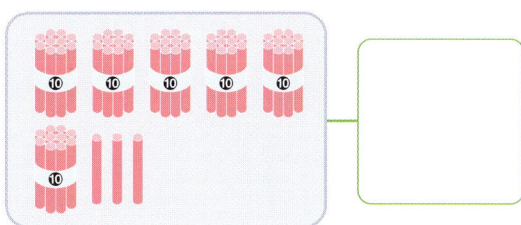 ☐

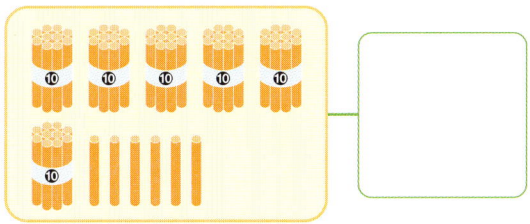 ☐

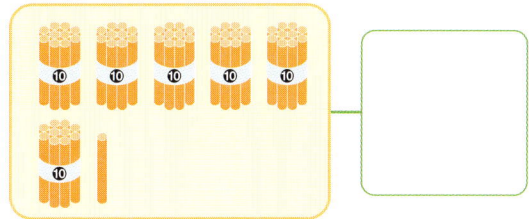 ☐

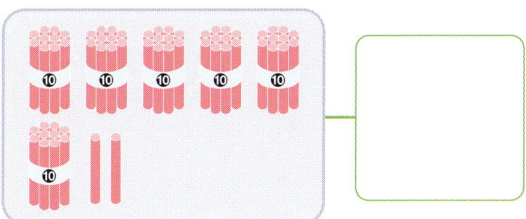 ☐

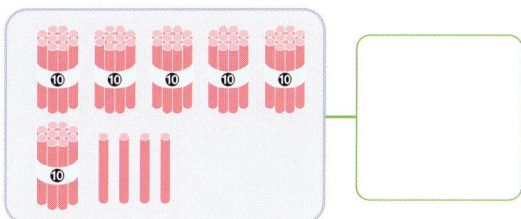 ☐

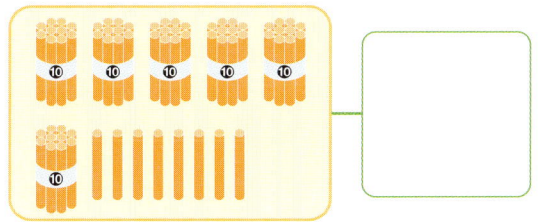 ☐

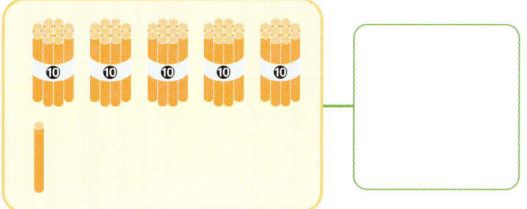 ☐

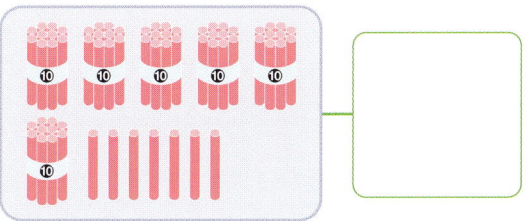 ☐

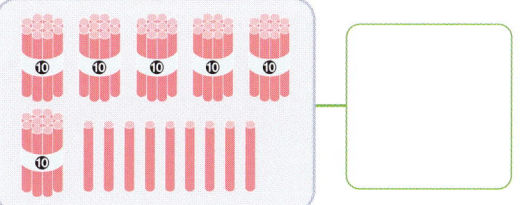 ☐

4 주

○ 개수를 세어 보고, ☐ 안에 알맞은 수를 쓰세요.

10개씩 묶음이
5줄이면 몇십일까?

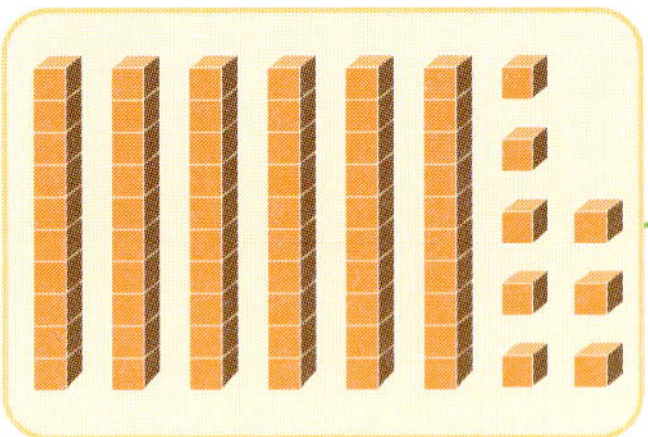

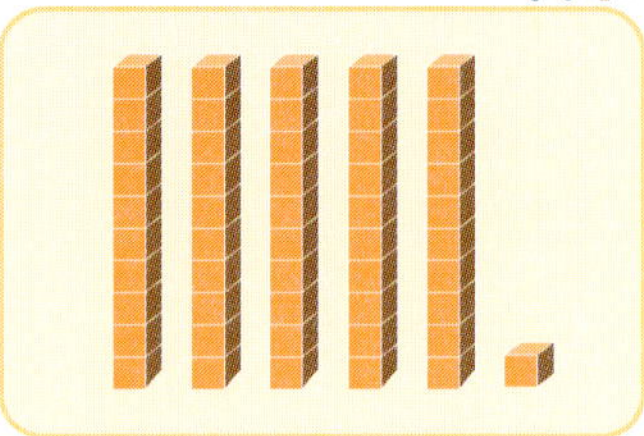

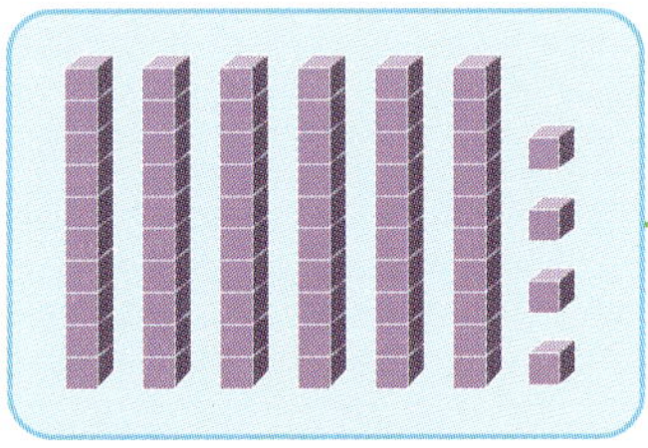

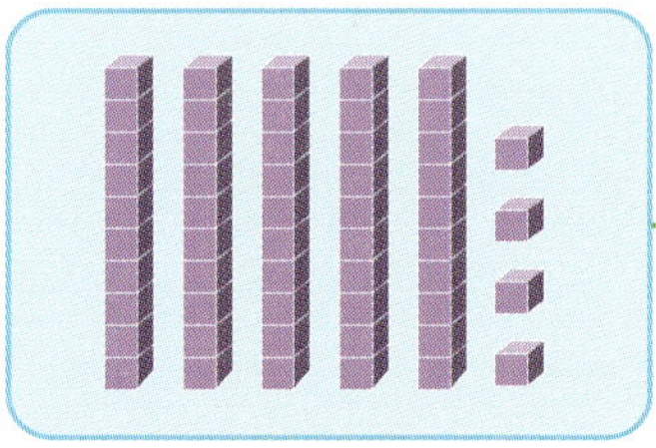

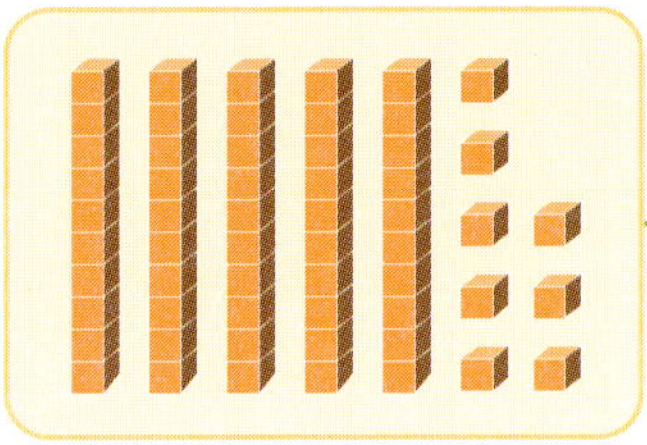

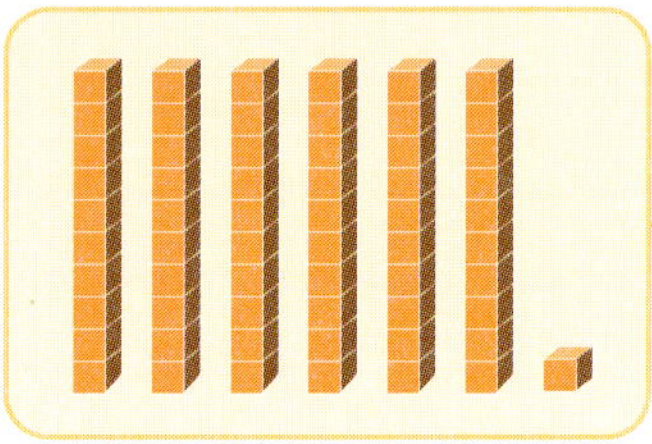

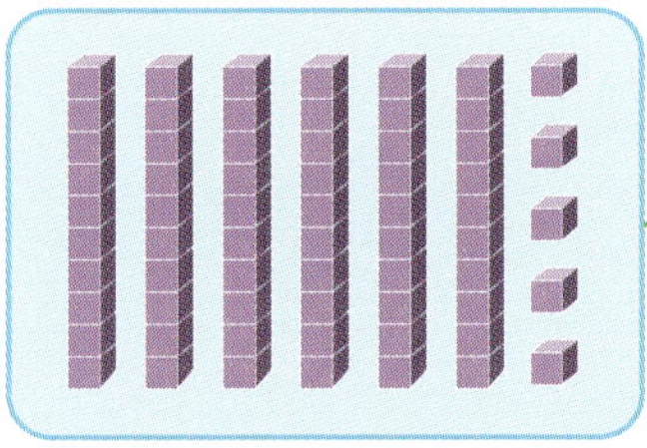

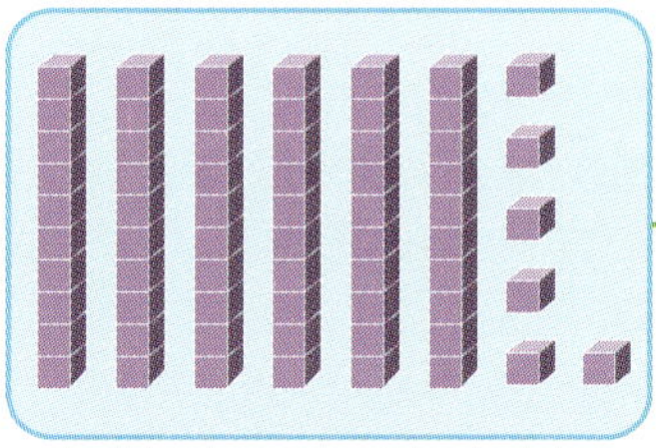

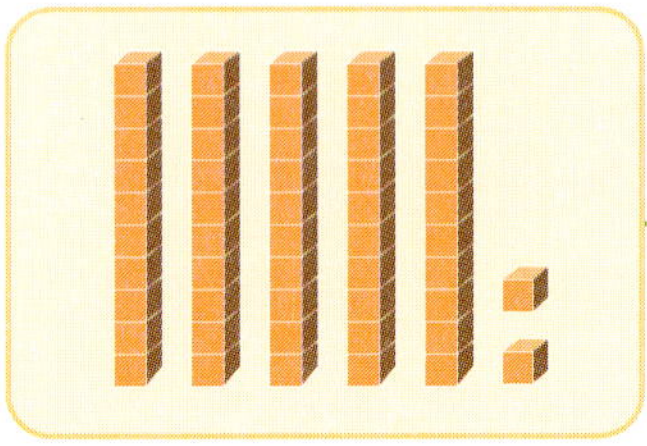

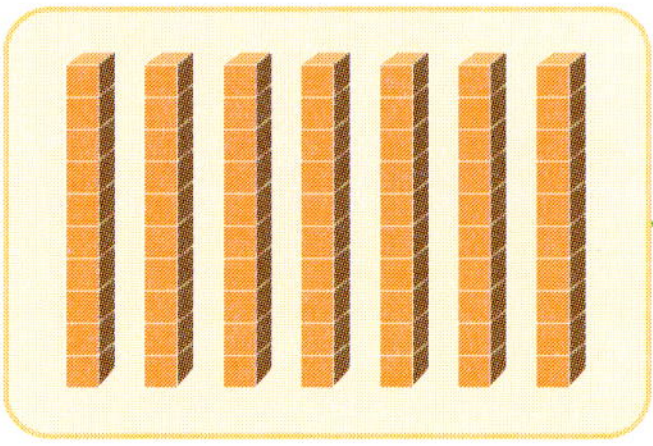

✿ 개수를 세어 보고, ☐ 안에 알맞은 수를 쓰세요.

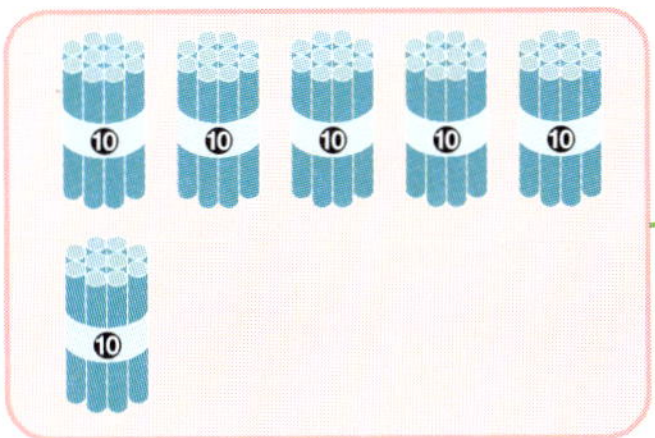

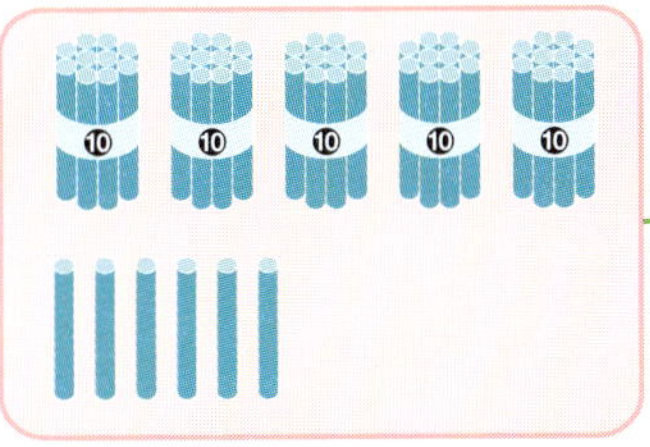

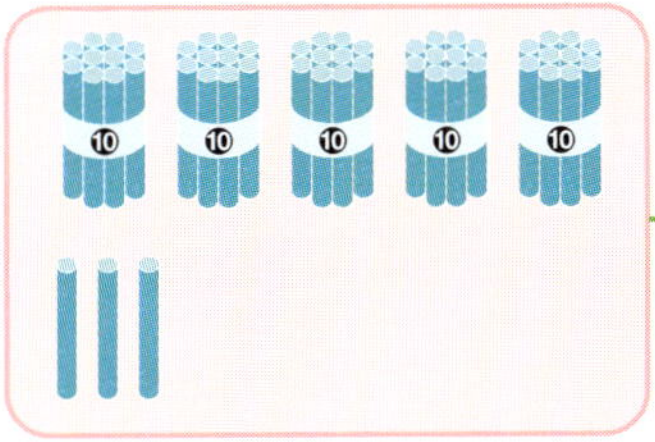

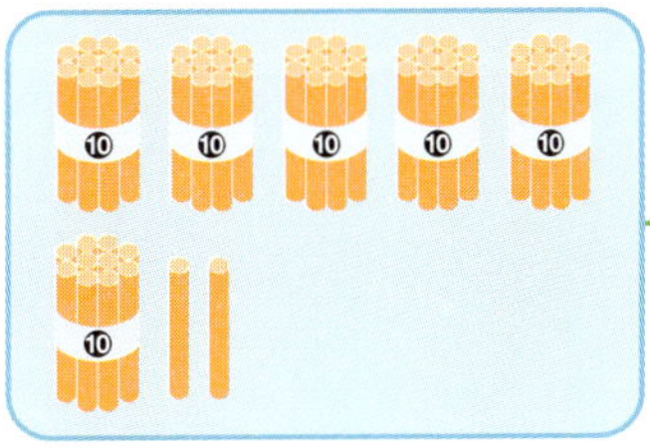

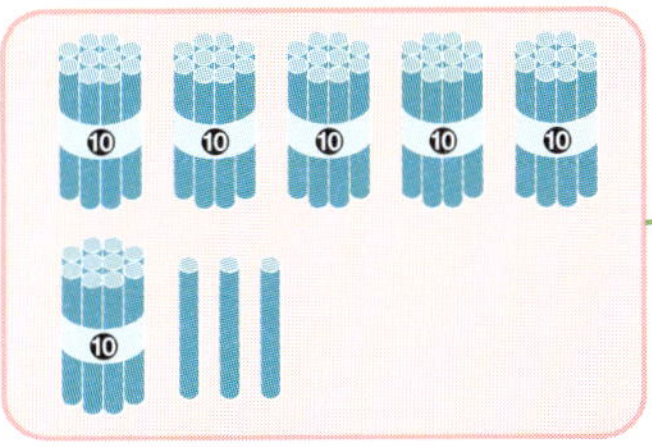

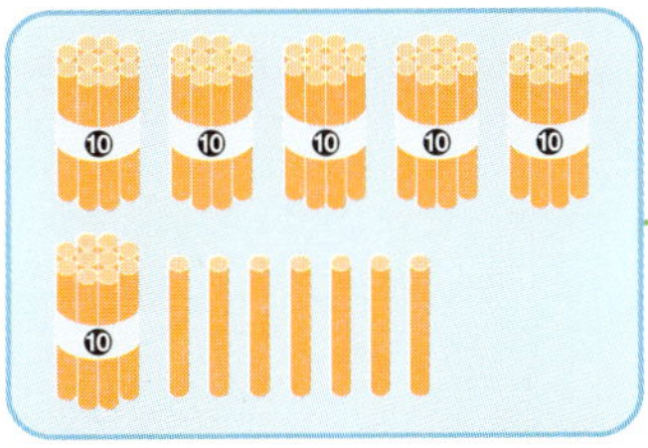

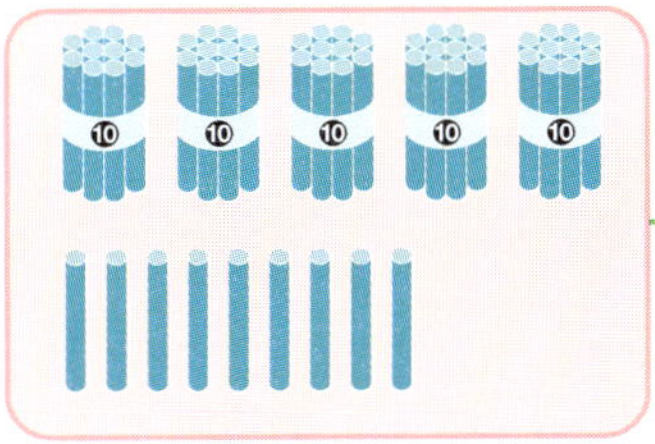

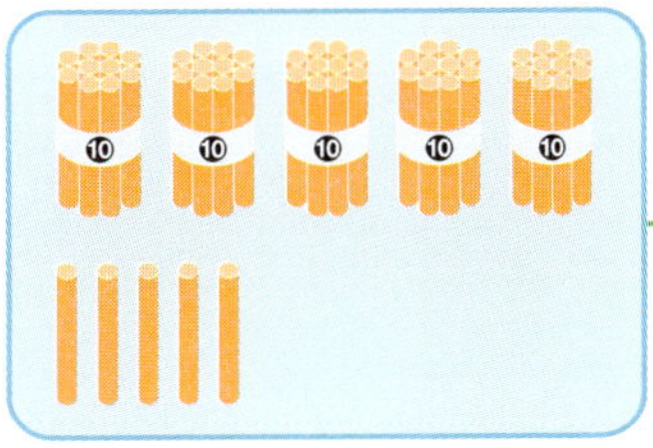

51~70 수 익히기 1단계

✚ ☐ 안에 알맞은 수를 쓰세요.

'오십 몇'으로 세면 되겠구나.

 10개씩 5묶음은 50이므로 10개씩 5묶음과 낱개의 수를 '오십 몇'으로 쓰게 합니다.

기초계산

➕ 빈칸에 알맞은 수를 쓰세요.

	10개씩 묶음	낱개
63 →	6	3

	10개씩 묶음	낱개
65 →		

	10개씩 묶음	낱개
64 →		

	10개씩 묶음	낱개
68 →		

	10개씩 묶음	낱개
67 →		

	10개씩 묶음	낱개
61 →		

	10개씩 묶음	낱개
62 →		

	10개씩 묶음	낱개
69 →		

70은 낱개가 하나도 없구나.

	10개씩 묶음	낱개
66 →		

	10개씩 묶음	낱개
70 →		

 빈칸에 알맞은 수를 쓰세요.

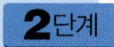 31부터 70까지 수의
순서대로 세어 보세요.

31	32			35
	37			40
41		43		
46			49	50
	52	53		
56		58		60
61			64	
66	67			70

 실생활에서 계단을 오르내리거나 길을 걸을 때, 수의 순서대로 세어 보는 수 세기 놀이를 통하여 쉽고 재미있게 수를 익힙니다.

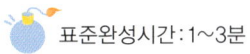

🔵 빈칸에 알맞은 수를 쓰세요.

51	52		54	
	57			60

61				65
66		68		70

		58		60
61			64	

◆ 빈칸에 알맞은 수를 쓰세요.

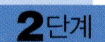 51부터 70까지 수의 순서대로 세어 보세요.

52		54

53		55

	53	54

56		58

58	59	

63		65

64		66

	68	

65		

		70

51 52 53 54 55 56 57 58 59 60

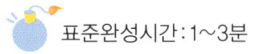
➕ 그림이 있는 칸에 들어갈 수를 ☐ 안에 쓰세요.

	52	53	54	55
56	🐞	58	59	
	62	63	64	65
66	🐷	68	69	🐢

47차시 51~70 수 익히기

3단계

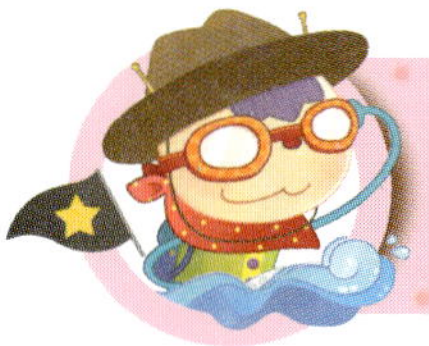

개수를 세어 보고, 더 큰 수에 색칠하세요.

52

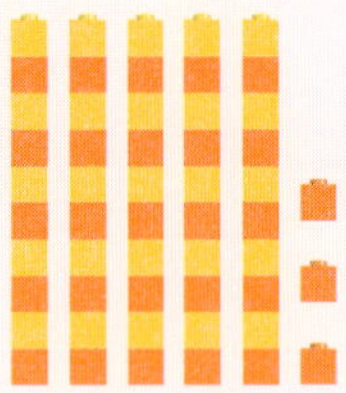

53

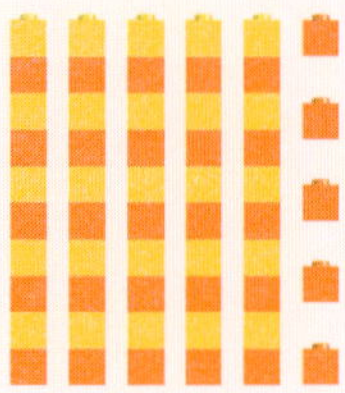

55

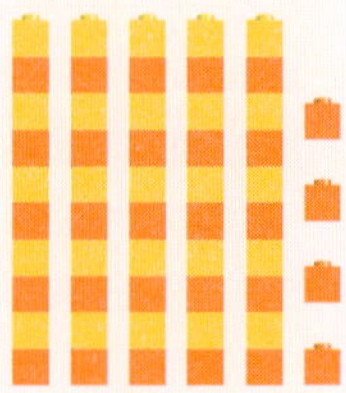

54

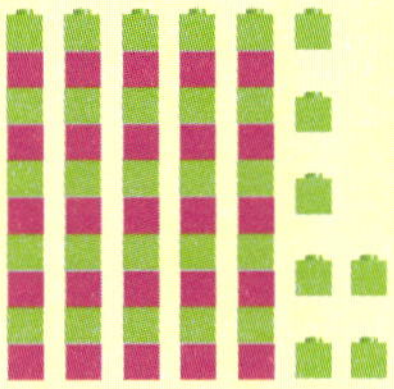

57

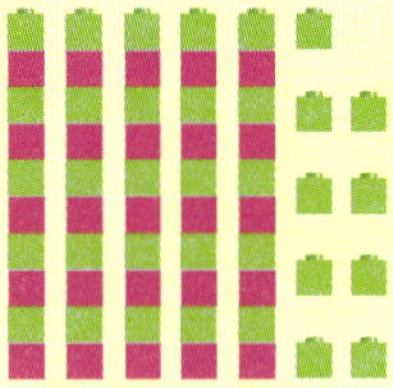

59

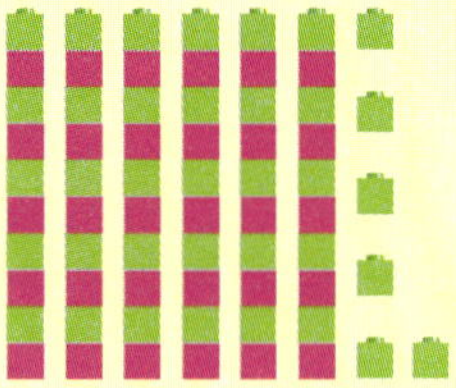

66

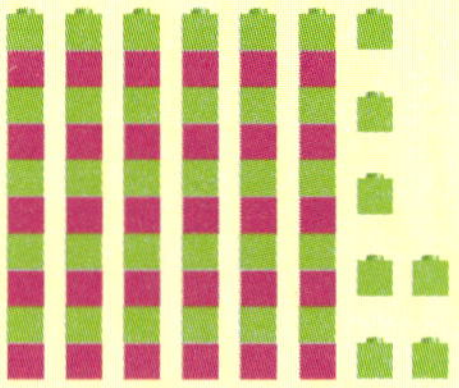

67

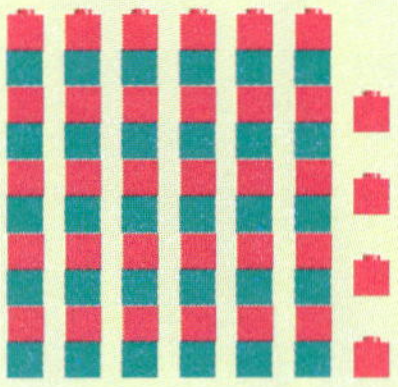

64

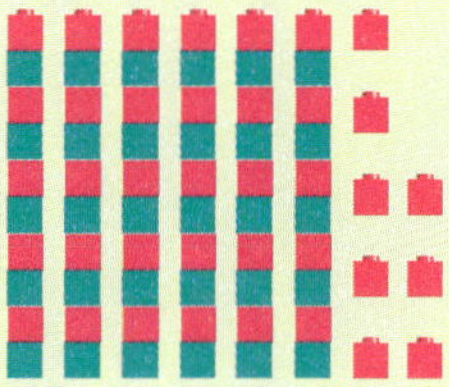

68

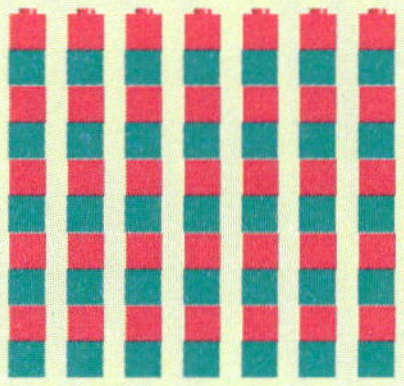

70

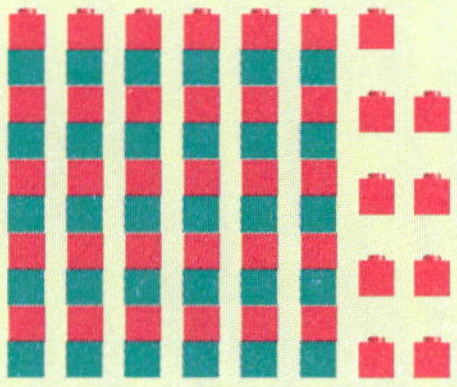

69

꼭꼭 블록의 개수를 세면서 수의 크기를 비교해 보고, 개수가 더 많은 것이 더 큰 수임을 알게 합니다.

➕ 왼쪽의 수보다 더 작은 수에 △표 하세요.

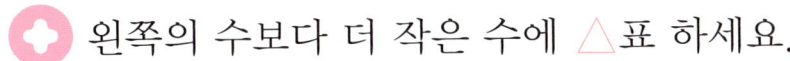
53보다 1 큰 수는 54이고,
1 작은 수는 52예요.

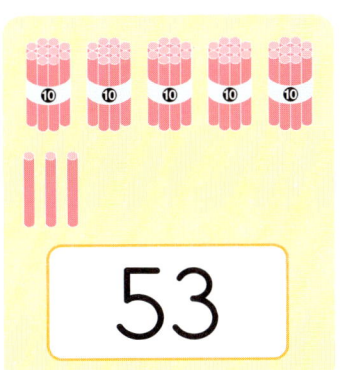

53

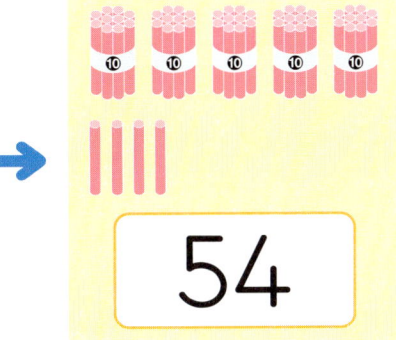

54

52

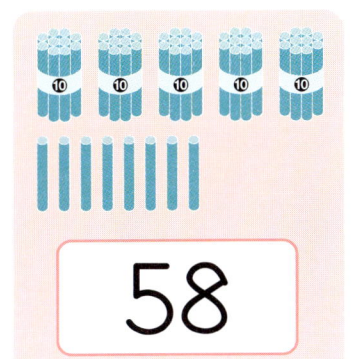

58

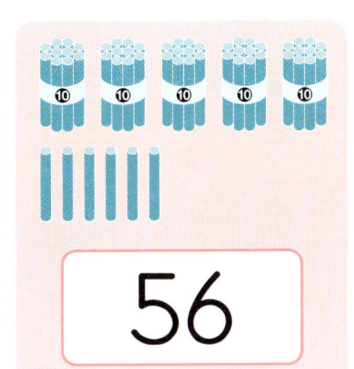

56

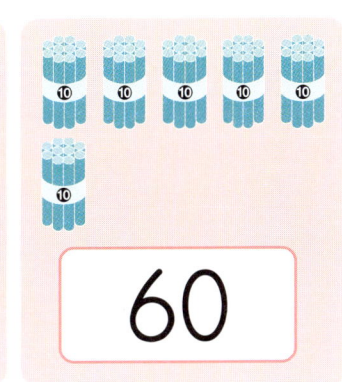

60

4주

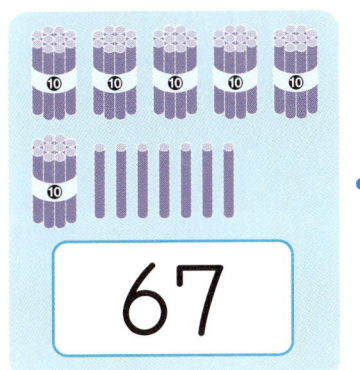

67

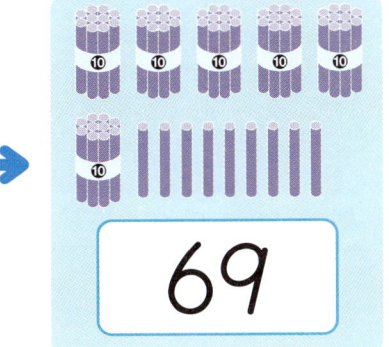

69

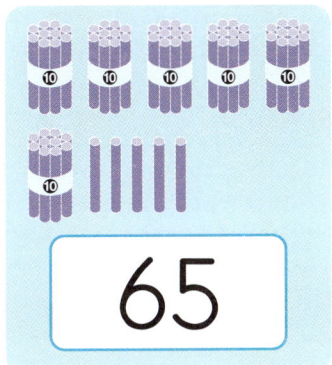

65

세 수 중 가장 큰 수에 ○표 하세요.

수를 순서대로 세었을 때
나중에 센 수가 더 큰 수예요.

53	51	54

67	69	70

62	64	67

54	56	58

57	56	58

59	60	61

56	53	55

64	66	68

65	63	66

52	55	54

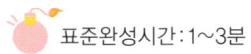
✚ 세 수 중 가장 작은 수에 색칠하세요.

수를 순서대로 세었을 때
먼저 센 수가 더 작은 수예요.

| 65 | 68 | 62 |

| 54 | 55 | 52 |

| 57 | 54 | 55 |

| 65 | 61 | 67 |

| 55 | 56 | 57 |

| 58 | 60 | 59 |

| 63 | 64 | 66 |

| 53 | 56 | 58 |

| 52 | 51 | 53 |

| 70 | 69 | 62 |

✿ 개수를 세어 보고, ☐ 안에 알맞은 수를 쓰세요.

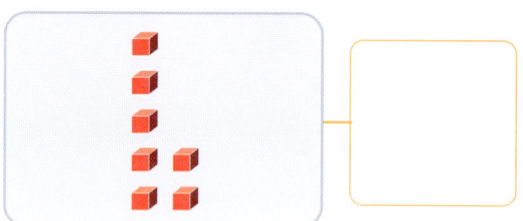

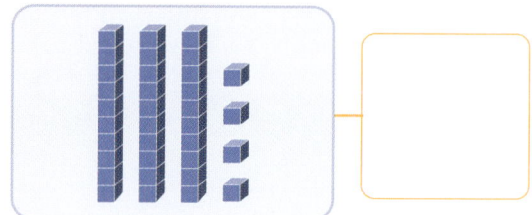

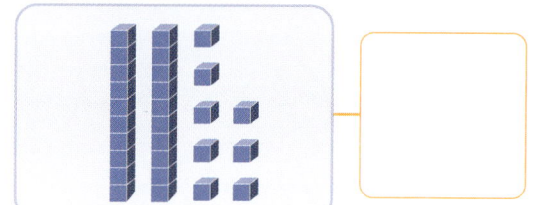

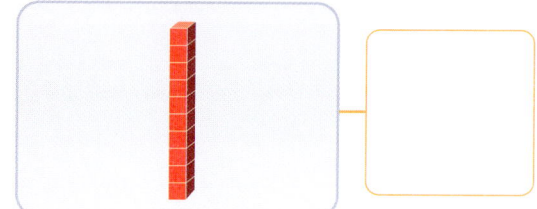

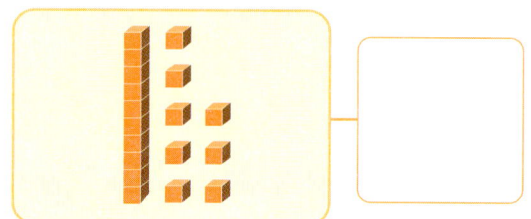

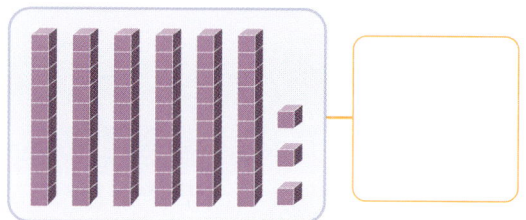

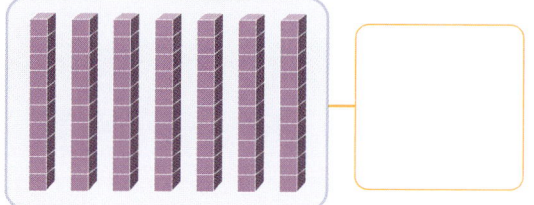

틀린 개수	0~2	3~6	7~12	13개 이상
평가	아주 잘함	잘함	보통	노력 바람

채점을 하고, 틀린 개수에 맞게 ○하세요

🍀 빈칸에 알맞은 수를 쓰세요.

40		42			45

34	35			38	

31		33	34		

65				69	70

55		57			60

		49	50		52

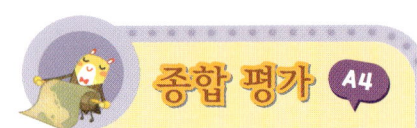

✿ 세 수 중 가장 큰 수에 ○표, 가장 작은 수에 △표 하세요.

| 55 | 53 | 35 |

| 32 | 42 | 28 |

| 45 | 48 | 55 |

| 30 | 50 | 40 |

| 31 | 13 | 24 |

| 70 | 68 | 51 |

| 55 | 57 | 59 |

| 45 | 54 | 24 |

| 63 | 48 | 50 |

| 46 | 42 | 38 |

| 23 | 43 | 63 |

| 39 | 60 | 49 |

정답 및 지도서

자르는 선을 따라 잘라 보관하여, 채점할 때 사용하세요.

1주 31~40 수 익히기

지도 방법

❶ 1~30의 수를 순서대로 말해 보게 하세요. 또 거꾸로 수 세기를 통해 다시 한번 수를 익힐 수 있도록 해 주세요.

❷ 31~40의 수를 알려 주세요. 1~30의 수와 어떤 점이 비슷한지 아이 스스로 생각할 수 있는 시간을 주세요. 그런 다음 수의 규칙성을 조금이라도 발견하면 칭찬해 주세요.

❸ 31~40의 수를 익히고, 다양한 방법으로 수의 계열성을 이해하도록 지도해 주세요.

❹ 31~40의 수의 순서를 말해 보게 하세요. 아이가 어려워하면, 엄마가 먼저 큰 소리로 읽은 후 따라 읽게 하세요.

1차시

12~13쪽

- 10개씩 묶음 블록이 몇 개 있는지 엄마와 같이 세어 볼까?
- 낱개가 몇 개인지 세어 볼래?
- 10개씩 묶음이 3개이고, 낱개가 7개인 것을 삼십칠 또는 서른일곱이라고 읽는단다. 큰 소리로 읽으면서 써 볼래?

2차시

14~15쪽

- 앞에서 10개씩 묶음이 3개인 숫자를 엄마와 같이 공부했지? 31부터 40까지의 수를 세어 볼래?
- 빨간색 네모가 몇 개인지 10개씩 묶어서 세어 볼까? 10개씩 묶음이 몇 개니?
- 낱개가 몇 개니? 10개씩 묶음이 3개, 낱개가 3개 있으면 어떤 수가 될까?

16~17쪽

• 37을 읽어 볼까?
• 37은 10개씩 묶음이 몇 묶음 있어야 하는지 말해 보자.
• 낱개는 몇 개가 있어야 하니?
• 10개씩 묶음 3개와 낱개 7개를 색연필로 묶어 볼까?

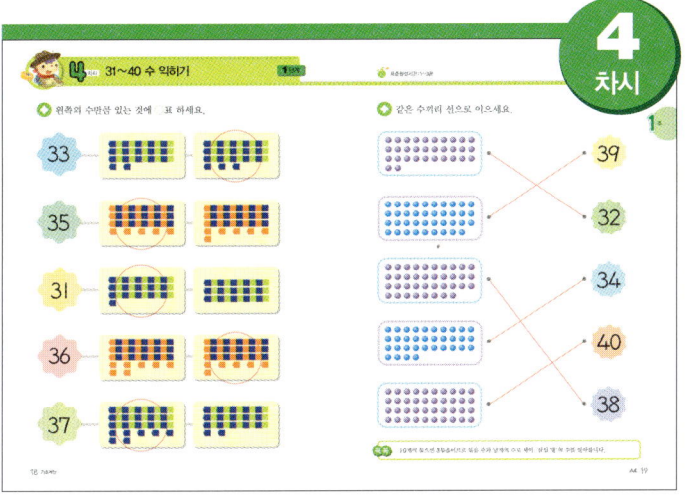

18~19쪽

• 구슬이 몇 개인지 세어서 각각의 그림 밑에 적어 볼래?
• 구슬을 10개씩 묶어서 세면 쉽게 셀 수 있단다.
• ○○가 적은 수와 같은 수를 오른쪽에서 찾아 선을 그어 보자.

20~21쪽

• 지금 공부하는 책의 쪽수를 엄마와 한 쪽씩 읽어 볼까? 그래, 숫자는 이렇게 많은 곳에 쓰인단다.
• 블록이 몇 개인지 세어 보자. 어떤 수를 써야 하지?

6 차시

22~23쪽

- 블록의 개수가 가장 많아 보이는 곳을 가리켜 볼까?
- 10개씩 묶음이 몇 개 있니?
- 10개씩 묶음이 4개이면 십의 자리(앞의 수) 숫자가 4가 되겠지?
- 낱개는 몇 개니? 하나도 없으면 0이라고 했지? 그럼 어떤 수를 써야 할까?

7 차시

24~25쪽

- 10개씩 묶음이 3개 있으면 십의 자리에 어떤 수를 써야 하지?
- 낱개는 몇 개가 있니?
- 묶음 수와 낱개의 수를 합해 어떤 수를 써야 하지?
- 쓴 수를 큰 소리로 읽어 보자.

8 차시

26~27쪽

- 10개씩 묶음인 파란색 수수깡이 몇 묶음 있니? 3묶음이니까 십의 자리에 숫자 3이 오겠네.
- 낱개인 분홍색 수수깡은 몇 개 있니? 6개 있구나.
- 36을 '삼십육'이라고 읽지? 셀 때에는 '서른여섯'이라고 읽는단다.

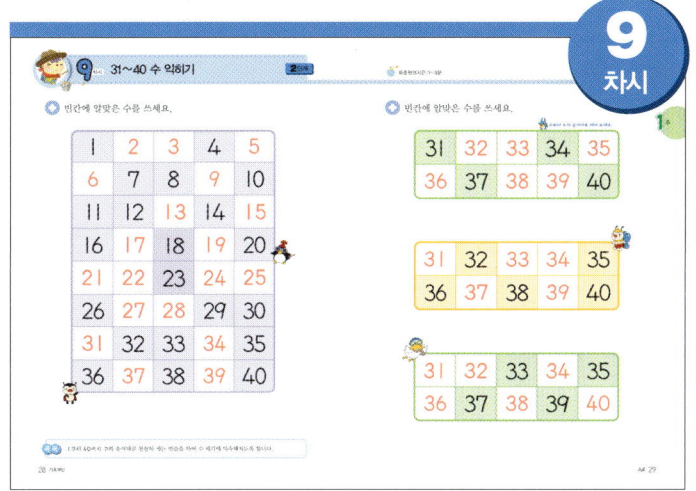

- 1부터 40까지 수의 순서대로 숫
자를 쓰는 문제구나.
- 빈칸에 알맞은 수를 쓸 수 있겠
니?
- 1부터 40까지의 수 중에서 가장
작은 수는 어떤 수니?
- 가장 큰 수는 어떤 수니?

30 ~ 31쪽

- 37 앞의 수는 어떤 수일까? 그래
36이지. 그럼 36 앞의 수는?
- 앞에 빈칸이 나와도 앞의 수를
세어 보면 어떤 수인지 알 수 있
겠지?
- 31부터 시작하지 않아도 ○○
는 수의 순서대로 잘 말할 수 있
지?
- 십의 자리 숫자는 3으로 같고 일
의 자리 숫자만 1씩 커지면 된단
다.

32 ~ 33쪽

- 숫자만 보고 어떤 수가 38보다
더 작은 수인지 알 수 있겠니?
- 어려우면 블록의 개수를 세어 보
고 알맞은 수를 찾아보렴.
- 수의 순서에서 38보다 먼저 센
수가 더 작은 수란다. 36은 38보
다 먼저 센 수니까 더 작은 수겠
지?

34~35쪽

- 38, 39, 40 중에서 가장 큰 수를 수만 보고 알 수 있겠니?
- 십의 자리 숫자를 비교해 보렴. 세 수 중에 40의 4가 가장 크지? 그래서 40이 가장 큰 수가 된단다. 일의 자리 숫자가 아무리 커도 십의 자리 숫자가 큰 것이 더 큰 수라는 것을 알아두렴.

체크 포인트

❶ 1부터 40까지 수의 계열성을 익혔으면 수와 양을 알맞게 연결할 수 있는지 확인해 보세요.

❷ 시간이 지나면 부분적으로 기억이 나지 않을 수도 있습니다. 학습 과정 중 자연스러운 현상이므로, 다시 1부터 40까지의 수를 순서대로 말해 보는 수 세기 연습을 꾸준히 시켜 주세요.

❸ 구체물을 통한 개수 세기, 수 쓰기와 같은 학습을 통해 아이의 수준을 확인한 후 부족한 부분을 연습시켜 주세요.

정답 및 지도서 A4

2주 41~50 수 익히기

지도 방법

❶ 1~40의 수를 순서대로 말해 보게 하세요. 똑바로 수 세기, 거꾸로 수 세기 등을 꾸준히 연습하면 수의 순서성을 완벽하게 이해할 수 있습니다.

❷ 41~50의 수를 익히고, 다양한 문제들을 통해 수의 계열성을 이해하고 쓰고 읽을 수 있도록 지도해 주세요.

❸ 아이에게 50 이상의 수도 예상해서 써 보게 함으로써 50보다 더 큰 수들이 일정한 규칙을 가지고 연결되어 있음을 직관적으로 알 수 있게 해 주세요.

❹ '몇십'과 '몇십 몇'을 잘 알면 50까지의 수를 잘 알 수 있습니다. 또한 50보다 큰 수를 아는 데에도 매우 도움이 됩니다.

13차시

40~41쪽

- 10개씩 묶음이 4개인 '사십 몇'을 배워 보자. 개수를 셀 때에는 '마흔 몇'이라고 한단다.
- 10개씩 묶음이 4개니까 십의 자리 숫자가 4가 되고, 낱개가 9개니까 일의 자리 숫자가 9가 된단다. 49라고 쓰고 사십구, 마흔아홉이라고 읽는단다.

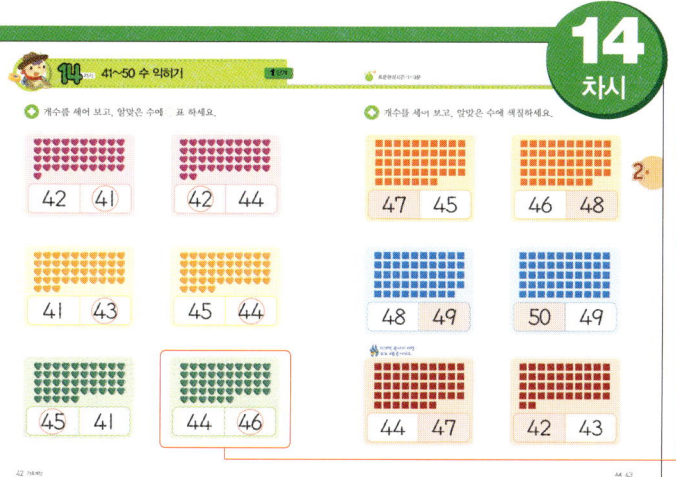

14차시

42~43쪽

- 예쁜 하트 모양이 많이 있구나. 몇 개인지 세어 볼까?
- 10개씩 묶음이 몇 개이고, 낱개는 몇 개인지 알 수 있겠니?
- 하트의 개수와 같은 수는 44와 46 중 어떤 수니?

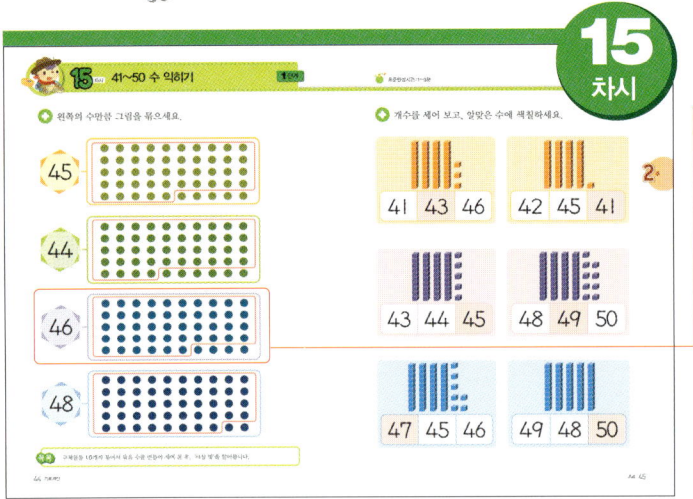

정답 및 지도서 A4

15차시

44~45쪽

- 46을 두 가지 방법으로 읽어 볼래? 이제 46개만큼 묶어 보자.
- 10묶음은 몇 개 있어야 하고, 낱개는 몇 개가 있어야 하니?
- 맞게 묶었나 확인해 볼까?

16차시

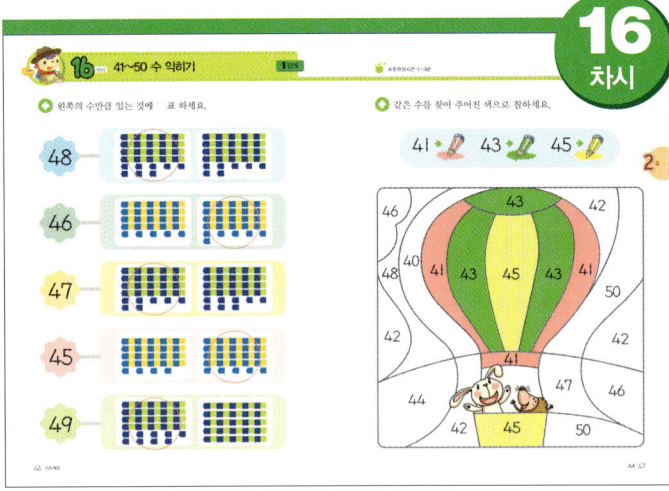

46~47쪽

- 왼쪽의 수들을 큰 소리로 읽어 보자.
- 41, 43, 45와 같은 수가 쓰여 있는 곳에 주어진 색으로 칠하는 거야. 재미있겠지?
- 색칠을 다 하면 과연 무엇이 나타날까? ○○가 숫자를 잘 보고 정확하게 색칠해야 숨어 있는 그림이 나타나겠지?

17차시

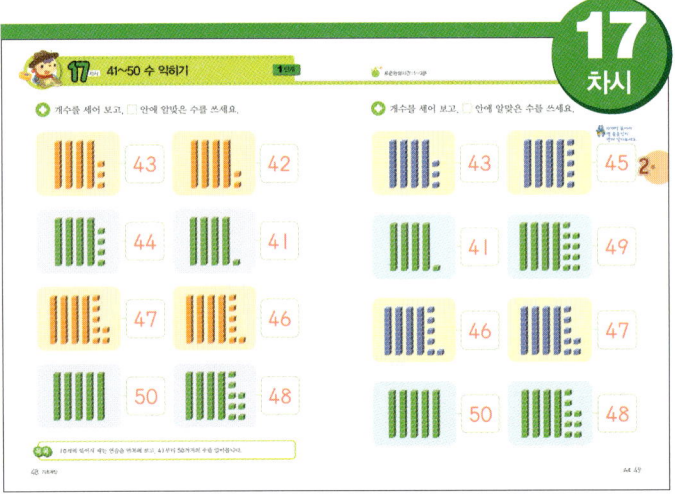

48~49쪽

- 지금 우리가 공부하고 있는 책의 쪽수를 읽어 볼래?
- 41부터 50까지의 수를 마흔하나, 마흔둘과 같이 개수를 셀 때 읽는 방법으로 말해 볼 수 있겠니?
- 어렵니? 세는 수는 ○○가 좀 어려워 할 수도 있어. 엄마와 함께 여러 번 읽어 보자.

50~51쪽

- 10개씩 묶음 블록이 몇 개 있니?
- 5개면 십의 자리 숫자가 5가 되어야 하지?
- 낱개는 몇 개 있니? 하나도 없으면 몇이라고 했지?
- 50이라고 쓰면 되겠구나. 50을 두 가지 방법으로 읽어 볼래?

52~53쪽

- 41은 40보다 몇 큰 수니?
- 40은 10개씩 묶음이 4개 있고, 낱개는 하나도 없는 수지?
- 41은 40보다 1 큰 수니까 10개씩 묶음 4개와 낱개 몇 개가 있는 걸까?
- 잘했어. 이제 41을 두 가지 방법으로 읽어 보자.

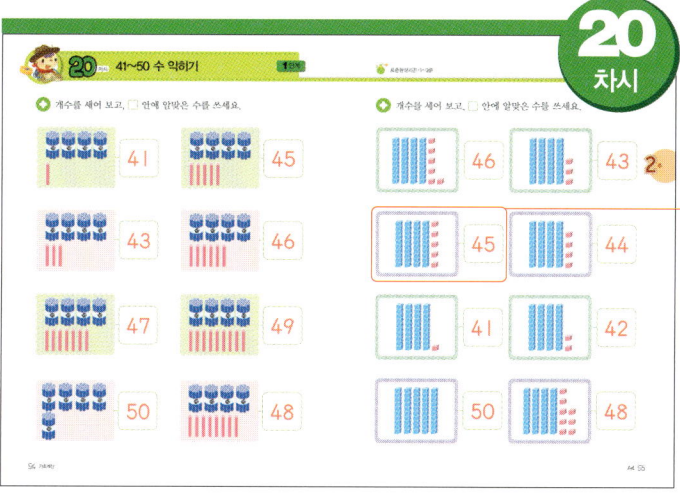

54~55쪽

- 우리 바둑알을 블록처럼 놓아 볼까?
- 10개씩 몇 개를 놓았니? 4개를 놓으면 블록이 '마흔 몇' 개가 되겠구나.
- 낱개는 몇 개를 놓았니? 5개를 놓았구나.
- □ 안에 수를 써 보고, 그 수를 큰 소리로 읽어 보자.

정답 및 지도서 A4

21 차시

56~57쪽

- 11부터 50까지의 수를 순서에 맞게 써 보는 문제구나.
- ○○가 수의 순서를 잘 알고 있으니까 답을 쉽게 쓸 수 있을 것 같네.
- 모르는 부분이 있으면 천천히 다시 한 번 생각해 보고, 순서대로 수를 말해 보면서 알맞은 수를 써 보렴.

22 차시

58~59쪽

- 41부터 50까지의 수를 세어 볼까?
- 숫자 47이 가운데에 있고 앞과 뒤로 빈칸이 있구나.
- 47 앞에 들어갈 수는 47보다 1 작은 수겠지? 7보다 1 작은 수는 몇이니?
- 47 뒤에 들어갈 수는 47보다 1 큰 수겠지? 7보다 1 큰 수는 몇이니?

23 차시

60~61쪽

- 44와 43 두 수 중 더 큰 수는 어떤 수일까?
- 4는 3보다 얼마 더 크니?
- 그래, 4는 3보다 1 큰 수지. 그러면 44는 43보다 얼마 더 큰 수인지 알 수 있겠지?

62~63쪽

• 세 수를 순서대로 읽어 보자.
• 세 수 중 가장 큰 수를 손가락으로 가리켜 볼까?
• 세 수 중 가장 작은 수는 어떤 수인지 말해 보렴.
• 가장 큰 수에 동그라미 해 볼까? 동그라미 한 숫자만 차례대로 읽어 보자.

체크 포인트

① 앞의 수와 뒤의 수(다음 수)의 개념을 어려워하는 아이가 많습니다. 먼저 쓰여 있는 숫자를 읽어 보도록 하고, "25보다 1 큰 수는 어떤 수지?"하며 찾아보게 하세요. 문제를 풀어 본 다음에는 "25보다 1 큰 수는 26이에요."하고 말해 보게 함으로써 어떤 수보다 '1 작은 수'는 앞의 수, '1 큰 수'는 뒤의 수가 됨을 자연스럽게 익힐 수 있도록 지도해 주세요.

② 아이들은 1부터 50까지의 수를 '일, 이, 삼……'보다 '하나, 둘, 셋……'으로 세는 것을 더 어려워합니다. '하나, 둘, 셋……'으로 세는 것에도 능숙해지도록 반복적으로 연습시켜 주세요.

정답 및 지도서 A4

3주 1~50 종합

지도 방법

1. 1~50의 수와 양을 알맞게 연결할 수 있는지 확인해 주세요.

2. 수의 서열과 대소를 알기 위해서는 먼저 수량에 대한 확실한 학습이 이루어져야 합니다. 먼저 숫자 10은 손가락 10개와 같다는 것을 통해 수량에 대한 개념을 다시 한 번 알려 주세요.

3. 숫자 50은 읽을 때에는 '오십'이라고 하고, 양을 나타낼 때에는 '쉰'이라고 말합니다. 아이에게는 '오십'이라는 말이 더 친숙하겠지만 세는 말도 알 수 있도록 지도해 주세요.

4. 같은 모양의 물건을 두 곳에 나누어 놓고 어느 쪽이 더 많은지 알아보는 활동을 통해 수 감각을 길러 주세요.

25 차시

68~69쪽

- 1부터 20까지의 수를 세어 볼까? 십의 자리 숫자가 1이면 십 몇이고, 2이면 이십 몇이지?
- 네모 블록이 몇 개인지 세어 볼래?
- 하나하나 세어도 좋지만 10개보다 많은 개수를 셀 때에는 10개씩 묶어서 세면 개수를 쉽게 알 수 있단다.

26 차시

70~71쪽

- 21부터 40까지의 수를 세어 보자. 십의 자리 숫자가 2이면 스물 몇이고, 3이면 서른 몇이지?
- 블록이 몇 개인지 세어 볼래?
- 세어야 할 게 많을수록 10개씩 묶어서 세는 것이 훨씬 빠르고 정확하단다.

- 1, 2, 3, 4, 5를 읽어 볼래? 1부터 5까지 낱개가 한 개씩 늘어나고 있지?
- 10, 20, 30, 40, 50을 읽어 볼까? 10, 20, 30, 40, 50은 10개씩 묶음이 한 개씩 늘어난다는 것을 알 수 있겠지?
- 수수깡의 묶음 수와 같은 수를 찾아 줄로 이어 보렴.

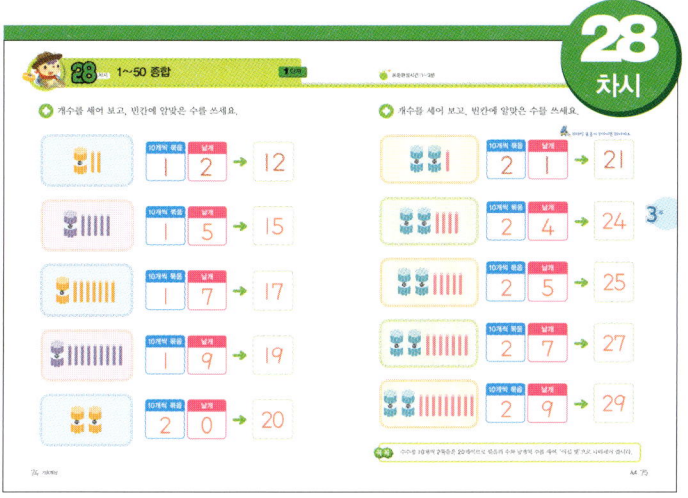

74~75쪽

- 1부터 50까지의 수를 세어 볼까? 수의 범위가 커져서 조금 힘들지?
- 그러면 엄마와 한 번씩 번갈아 가면서 세어 보자.
- 수수깡 개수를 세어 보고 알맞은 숫자를 적어 볼까?
- 쓴 수를 큰 소리로 읽어 보렴.

76~77쪽

- 블록의 개수를 세어 보고, 블록의 개수가 가장 적은 것을 가리켜 볼래?
- 10개씩 묶음의 블록 수가 적은 것이 가장 작은 수가 되겠지?
- 낱개는 몇 개니?
- 쓴 수를 큰 소리로 읽어 보렴.

78~79쪽

- 50은 10개씩 묶음이 몇 개니?
- 낱개는 몇 개니?
- 그래, 낱개가 하나도 없지? 이처럼 낱개가 하나도 없는 수에는 또 무엇이 있지?
- 10, 20, 30, 40, 50이 있지? 50을 큰 소리로 읽어 보렴.

80~81쪽

- 블록의 개수를 셀 때에는 10개씩 묶음이 몇 묶음인지를 먼저 세어 보렴.
- 10, 20, 30, 40, 50 이렇게 10씩 뛰어 세기 연습을 많이 하면 10개씩 묶어서 셀 때 더 쉽고 빠르게 셀 수 있단다.

82~83쪽

- 1부터 50까지의 수를 순서대로 말해 볼까?
- 1부터 50까지의 수를 순서대로 연결해서 그림을 완성해 보자.
- 순서대로 점을 이으면 어떤 그림이 나올 것 같니?
- 어려우면 1부터 순서대로 수를 말해 보면서 문제를 풀어 보렴.

▶ • 11부터 50까지의 수를 엄마와 많이 공부해서 빈칸에 알맞은 수를 쉽게 쓸 수 있을 것 같은데?
  • 수의 범위가 늘어났어도 일의 자리 숫자는 1부터 9까지로 똑같으니까 십의 자리 숫자만 바꿔주면 되겠지?

▶ • 1부터 시작하지 않고 27부터 시작해도 순서대로 말할 수 있겠니?
  • 7 다음 수는 무엇이니? 그럼, 17 다음 수는 무엇일까?
  • 그래, 7 다음 수는 8, 17 다음 수는 18이란다.
  • 27 다음 수와 37 다음 수도 알 수 있겠지?

▶ • 38, 36, 35 중 어떤 수에 동그라미해야 할까?
  • 세모는 어떤 수에 해야 할까?
  • 38, 36, 35를 큰 수부터 순서대로 말해볼 수 있겠니?
  • 다른 문제도 ○○가 지금 했던 방법으로 풀어 볼래?

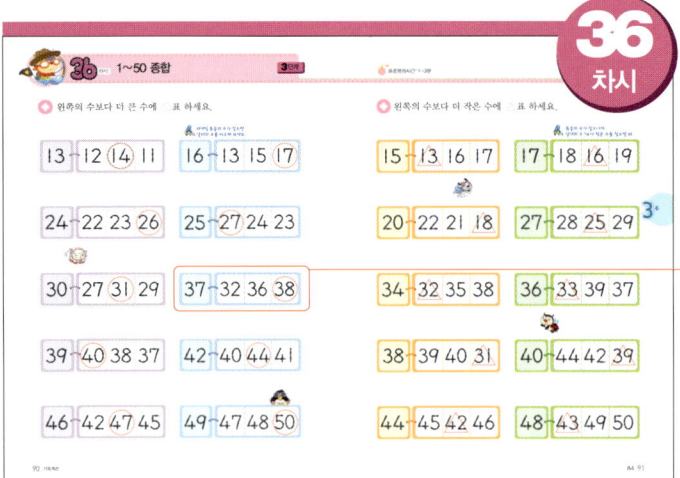

90~91쪽

- 32, 36, 38 중 37보다 큰 수는 어떤 수일까?
- 32, 36, 38, 37 모두 10개씩 묶음이 3개씩이지?
- 일의 자리 숫자만 비교하면 37보다 큰 수를 알 수 있겠지?
- 가장 작은 수는 어떤 수니?

체크 포인트

① 1부터 50까지의 수를 정확히 읽는지, 필순에 맞게 바르게 쓰는지 확인해 보세요.

② 특히 어려워하는 수가 있으면 여러 번 반복하여 쓰고 읽어 봄으로써 반드시 알고 넘어가도록 지도해 주세요.

③ 다양한 문제를 풀어 보면서 1부터 50까지의 수와 양 개념을 정확히 알고 있는지 확인해 주세요.

정답 및 지도서 A4

4주 51~70 수 익히기

지도 방법

① 먼저 '10개씩 묶음이 1개일 때에는 10개, 10개씩 묶음이 2개일 때에는 20개……'라는 식으로 차근차근 10의 묶음 세기를 익힐 수 있도록 지도해 주세요.

② 51~70의 수를 읽고 쓰면서 수의 계열성을 학습할 수 있도록 지도해 주세요.

③ 50이 넘는 큰 수를 처음 접한 아이는 큰 수에 대한 막연한 두려움으로 학습 내용을 어렵게 느낄 수 있습니다. 숫자와 양을 연관시켜 수량 개념을 이해할 수 있도록 10개씩 묶음과 낱개를 가지고 직접 세어 보게 하거나, 아이와 함께 걸을 때 걸음의 수를 10발자국씩 함께 세어 보는 등 10단위의 수를 생활 속에서 자연스럽게 학습할 수 있도록 지속적으로 지도해 주세요. 이전에 학습한 수와 비교해서 10개씩 묶음의 수가 커졌을 뿐이란 사실을 자연스럽게 이해하게 됩니다.

37 차시

96~97쪽

- 앞에서 10개씩 묶어서 세는 방법으로 문제를 많이 풀어 봤지?
- 10개씩 묶음이 5개면 어떻게 읽어야 할까?
- 50과 낱개 1개는 '오십일', 또는 '쉰하나'라고 읽는단다.

38 차시

98~99쪽

- 블록이 몇 개인지 10개씩 묶음으로 세어 볼래?
- 개수가 많아졌지만 앞에서 했던 것처럼 10개씩 묶은 것은 십의 자리 숫자이고, 10개씩 묶이지 않은 낱개는 일의 자리 숫자인 것을 알고 있지?
- 58을 세는 수로 읽어 볼래?

39 차시

100~101쪽

- 61부터 70까지의 수에 대해 공부해 보자.
- 10개씩 묶음이 6개면 '예순'이라고 한단다. 육십일, 육십이는 예순하나, 예순둘로 읽겠지?
- 10개씩 묶음이 6개고 낱개가 6개면 '66'이라고 쓰고 '육십육, 예순여섯'이라고 읽는단다.

40 차시

102~103쪽

- 70과 68을 세는 말로 읽어 볼까?
- 블록이 몇 개인지 세어 보자.
- 10개씩 묶음이 7개구나. 낱개는 하나도 없으니까 0이 되겠지?
- 70을 두 가지 방법으로 다시 한번 읽어 보자.

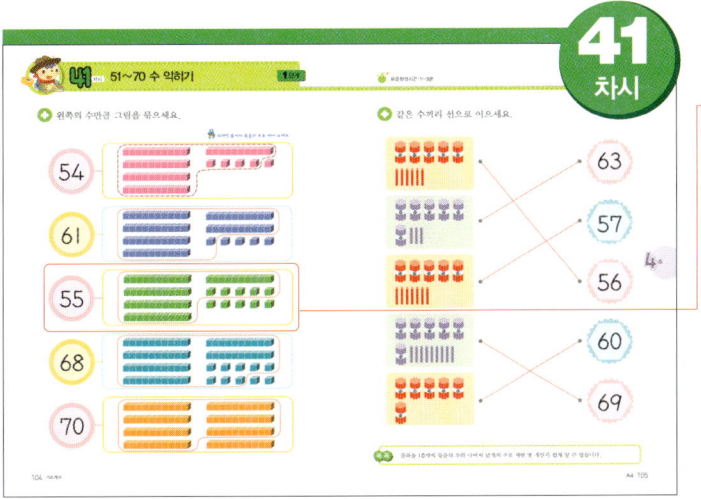

104~105쪽

- 55를 읽어 볼래?
- 55만큼 블록을 묶으려면 10개씩 묶음이 몇 개 있어야 하지?
- 낱개는 몇 개가 있어야 하니?
- 낱개로 있는 블록은 5개만 묶어 줘야 하겠지?

106~107쪽

- 수수깡이 모두 몇 개인지 세어 볼까?
- 10개씩 묶음 수수깡이 몇 개 있니?
- 낱개 수수깡은 몇 개 있니? 10개보다 1개 부족한 9개구나.
- 69를 읽어 볼래? 69보다 1개 더 많으면 어떤 수지?

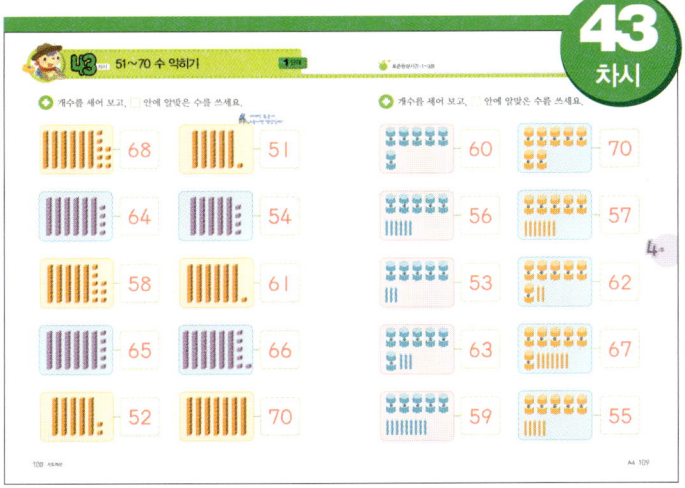

108~109쪽

- 엄마가 블록의 개수만큼 바둑알을 놓았어. ○○가 바둑알이 모두 몇 개인지 세어 볼래?
- 먼저 10개씩 몇 개가 만들어지는지 알아보자.
- 낱개는 몇 개인지 세어 볼래?
- 어떤 수를 써야할 지 알겠니?

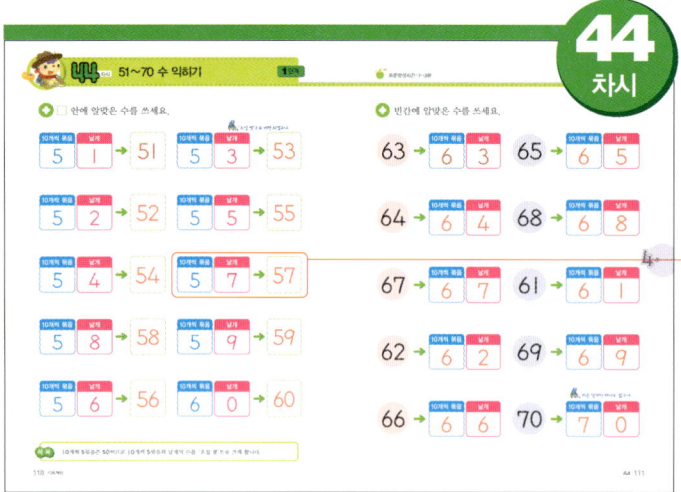

110~111쪽

- 10개씩 묶음이 5개면 십의 자리에 어떤 숫자를 써야 하지?
- 낱개가 7개면 일의 자리에 어떤 숫자를 써야 하지?
- 빈칸에 쓴 수를 읽어 볼래?
- 세는 수로도 읽어 보렴.

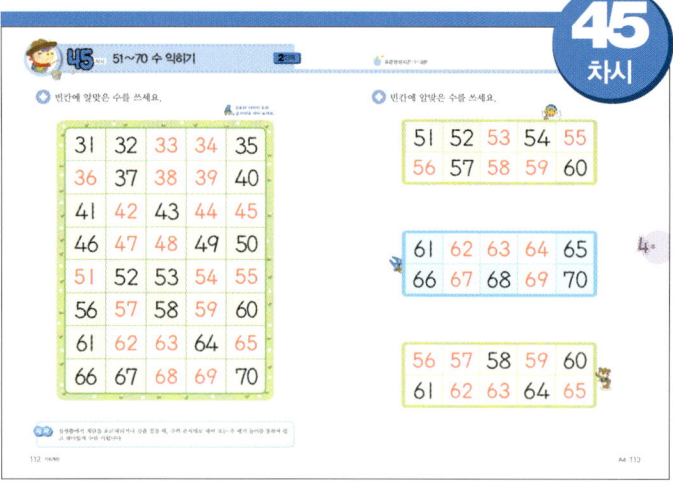

112~113쪽

- 수가 몇부터 몇까지 쓰여져 있니?
- 처음에는 31이, 끝에는 70이 쓰여 있네.
- ○○가 31부터 천천히 세어 가면서 빈칸에 알맞은 수를 써 볼래?
- 다 썼으면 맞게 적었는지 다시 한 번 순서대로 읽어 보자.

114~115쪽

- 6과 8 사이에 어떤 수가 있고, 16과 18사이에는 어떤 수가 있지?
- 그럼 56과 58 사이에는 어떤 수가 있는지 쉽게 알 수 있겠지?
- 어려우면 교재 아래 부분에 쓰인 수의 순서를 보고 말해 보렴.

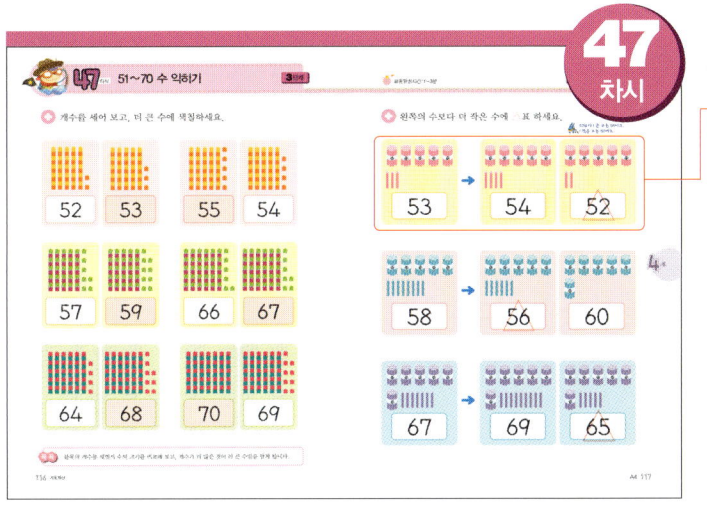

116~117쪽

- 51부터 60까지의 수를 연습장에 적어 볼래?
- 53에 동그라미 해 보렴.
- 53보다 앞에 적은(왼쪽) 수가 더 큰 수니, 더 작은 수니?
- 그래, 53보다 앞에 적은 수가 더 작은 수이고, 뒤에 적은(오른쪽) 수가 더 큰 수란다.

118~119쪽

- 이번에는 세 수 중 가장 작은 수를 찾는 거야.
- 수의 순서 중 뒤에 있을수록 큰 수이고, 앞에 있을수록 작은 수라고 했지?
- 세 수 중 가장 앞에 오는 수는 무엇이고, 가장 뒤에 오는 수는 무엇이니?

체크 포인트

❶ 아이들이 40, 50, 60, 70을 쓰는 것은 어려워하지 않으나 마흔, 쉰, 예순, 일흔을 읽는 것은 어려워합니다. 숫자에 맞게 세는 말을 써 보게 하거나, 숫자와 세는 말 카드를 각각 만들어 같은 것을 찾는 놀이 등을 통해 쉽고 재미있게 익힐 수 있도록 지도해 주세요.

❷ 51~70의 수뿐만 아니라 1~70의 수도 순서대로 반복해서 말해 보게 하세요. 그리고 큰 수 찾기, 작은 수 찾기, 거꾸로 세기 등을 통해 수의 계열성을 확실히 익히고 수·양의 개념을 쉽게 이해할 수 있도록 지도해 주세요.

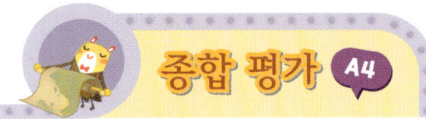

종합 평가 A4

120~122쪽

- 1부터 70까지 세어 볼래? 1부터 70까지를 거꾸로 세어 볼래?
- 블록이 몇 개인지 세어 볼래?
- 세어야 할 것이 많으면 어떻게 세어야 한다고 했지?
- 10개씩 묶어 세어서 10개씩 묶음은 십의 자리에, 낱개는 일의 자리에 적으면 되지?
- 숫자 판에 빈칸이 있구나.
- 숫자 판에 빈칸이 없도록 적어 볼래?
- ○○는 수를 잘 세니까 쉽게 할 수 있을 거야.
- 다 적었으면 맞게 적었는지 순서대로 읽어 볼래?

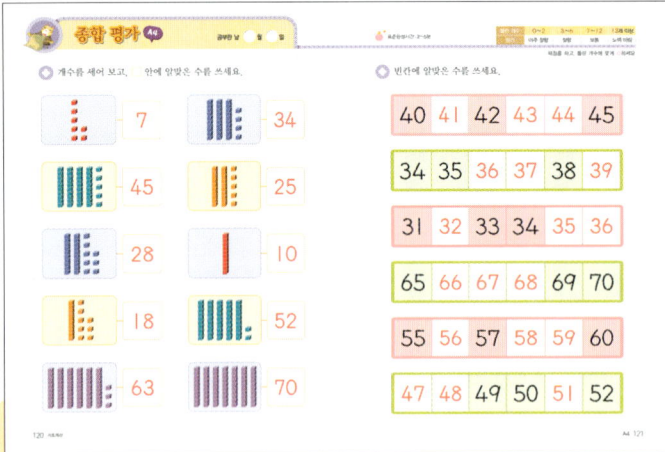

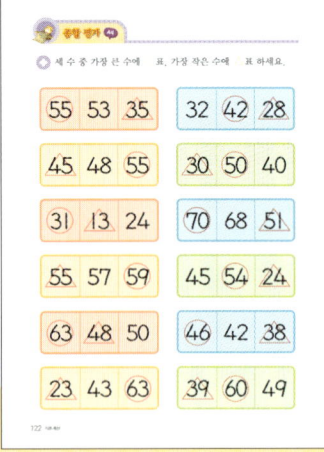